教育与教学书系

北京青年政治学院科研成果选编（第四辑）

BEIJING QINGNIAN ZHENGZHI XUEYUAN KEYAN CHENGGUO XUANBIAN (DISIJI)

北京青年政治学院科研处 ◎ 编

知识产权出版社
全国百佳图书出版单位
—北京—

图书在版编目（CIP）数据

北京青年政治学院科研成果选编. 第四辑/北京青年政治学院科研处编. —北京：知识产权出版社，2023.3
ISBN 978 - 7 - 5130 - 8543 - 4

Ⅰ.①北… Ⅱ.①北… Ⅲ.①高等学校—社会科学—科技成果—汇编—中国 Ⅳ.①C121

中国国家版本馆 CIP 数据核字（2023）第 000593 号

内容提要

本书比较全面地反映了北京青年政治学院阶段性科学研究进展情况。这些研究成果涉及9个学科（马克思主义、哲学、社会学、教育学、经济学、管理学、法学、语言学以及图书馆、情报与文献学）。本书选编了13项研究成果，这些成果分别获得北京青年政治学院第七届、第八届优秀科研成果奖，具有较高的学术水平和应用价值，既是学校广大教师心血的凝聚，也代表了学校科研工作取得的成绩和整体水平。

策划编辑：蔡　虹	责任校对：谷　洋
责任编辑：张　荣	责任印制：孙婷婷
封面设计：回归线（北京）文化传媒有限公司	

北京青年政治学院科研成果选编（第四辑）
北京青年政治学院科研处　编

出版发行：知识产权出版社有限责任公司	网　　址：http://www.ipph.cn
社　　址：北京市海淀区气象路50号院	邮　　编：100081
责编电话：010 - 82000860 转 8324	责编邮箱：caihong@ cnipr. com
发行电话：010 - 82000860 转 8101/8102	发行传真：010 - 82000893/82005070/82000270
印　　刷：北京九州迅驰传媒文化有限公司	经　　销：新华书店、各大网上书店及相关专业书店
开　　本：787mm×1092mm　1/16	印　　张：12
版　　次：2023 年 3 月第 1 版	印　　次：2023 年 3 月第 1 次印刷
字　　数：160 千字	定　　价：78.00 元

ISBN 978 - 7 - 5130 - 8543 - 4

出版权专有　侵权必究

如有印装质量问题，本社负责调换。

前　言

　　长期以来，北京青年政治学院科研工作坚持以马克思列宁主义、毛泽东思想、邓小平理论、"三个代表"重要思想、科学发展观、习近平新时代中国特色社会主义思想为指导，贯彻落实中共中央和北京市委关于繁荣发展哲学社会科学的意见，紧紧围绕首都经济建设、政治建设、文化建设、社会建设、生态文明建设，服从服务于经济社会发展与构建和谐社会首善之区的需要，科研体系和管理制度逐步完善，科研水平和能力进一步增强，对外交流与合作日益广泛，科研工作发展环境进一步优化。

　　为了进一步展示北京青年政治学院各级各类科研项目研究成果，推动研究成果的转化和应用，鼓励开展学术研究，多出精品力作，推动理论创新，服务首都发展，提升学校社会影响力，北京青年政治学院科研处自2013年始分期、分批编辑出版《北京青年政治学院科研成果选编》。

　　本书为第四辑，共选编了13项科研成果。这些成果分别获得北京青年政治学院第七届、第八届优秀科研成果奖，具有较高的学术水平和应用价值，既是学校广大教师心血的凝聚，也代表了学校科研工作取得的成绩和整体水平。

　　作为重要的阶段性回顾与总结，《北京青年政治学院科研成果选编（第四辑）》涉及多个学科，信息量大，内容丰富，反映了北京青年政治学院科研管理工作的稳步推进，对于了解北京青年政治学院科研工作总体状况具有重要的参考价值。

　　大力推动研究成果的转化和应用是高校科研工作的一项长期而

重要的任务。希望通过本书的出版,能够搭建一个相互交流、资源共享的平台,为其他兄弟院校和相关研究人员提供参考,为时代和民族的梦想鼓与呼,努力推动首都哲学社会科学事业繁荣发展。

编者

2021 年 12 月 20 日

CONTENTS

目 录

马克思主义

"敬"德论 ………………………………………… 王 颖 3
学德辨实：新时代青年培育践行社会主义核心价值观的
　　四个着力点 …………………………………… 张子荣 15

哲 学

程廷祚治《易》路向探析 ………………………… 李伟波 27

社会学

青年文化研究的现状与反思 ……………………… 杨 晶 47
国外应急志愿服务的特点及对我国的经验借鉴 … 高艳蓉 63
"互联网+"背景下养老服务构建研究 …………… 石 刚 72

教育学

直面挑战"翻转"自我
　　——新教育范式下大学外语教师的机遇与挑战 ……… 程云艳 89

经济学

论民营银行制度设计 ………………… 生 蕾 路运锋 101

管理学

北京智慧城市发展现状与建设对策研究 …………… 王红霞 113

新时代对风险导向下高校内审工作的思考 ………… 段凤霞 126

法 学

21 世纪我国 18~25 岁青年犯罪问题及其防治对策…… 刘金霞 137

语言学

汉语味觉词的基本类型及造词理据研究 …………… 张靖华 155

图书馆、情报与文献学

公共图书馆智慧服务研究：关键要素、实现路径及
实践模式 …………………………………………… 李校红 173

马克思主义

"敬"德论

王 颖

摘 要："敬"作为一种道德,出现于西周初年,其最初意义主要是指一种临事态度,即"敬事"。"敬事"的意义表现为两大层面:畏—惧—警的道德心理意识和慎—肃—勤的道德行为表现。当代敬业精神在继承和弘扬其基本理念的基础上,还需结合时代特征,在责任、创新、趣味和乐群等方面予以丰富和发展:凸显责任的属人性与社会性;辩证分析以劳动强度和劳动时间长度为主体的敬业评价尺度,强调创新是人之主体性和创造性特征的集中体现;主张趣味是敬业精神的真正底色;明确乐群这一传统理念与团队精神在内涵上的相合处。

关键词:敬 畏 慎 敬业 责任

职业作为人们参与社会分工,承担一定社会工作的载体,人们对其所投入的程度以及所创造的价值,必然会对社会的经济发展以及生产力的发展水平产生重要影响,而敬业精神作为从业人员的内在职业素养,其强弱程度不仅会导引出不同的岗位效能,亦会深刻影响社会风气的走向。人们历来推崇高尚的敬业精神,今天更将之确立为社会主义核心价值观的重要准则。因此,对敬业精神的内涵进行深入的解读,就显得极为重要。"敬业"之核心在于"敬",不仅如此,"敬业"的意义最初也是涵摄于"敬"德之中的,"春秋以前,'敬'主要是作为一种临事的态度存在的"。❶ 对他人的恭敬、尊敬之意则是在春秋时期才出现的。因此,对"敬"之理解乃是剖析"敬业"内涵的关键通道。❷

一、"敬"观念以及"敬德"的出现

"敬"作为一种观念,据《尚书》《诗经》记载,在尧舜时期就已产生。《尚书·尧典》上说:"(尧)乃命羲和,钦若昊天。""钦若"意为敬顺,指要恭敬地对待上天。《尚书·舜典》上又说,舜在摄政以后"肆类于上帝,禋于六宗,望于山川,遍于群神",祭祀上帝、天地四时、山川和群神。——这也是中国古代文献中关于祭祀的最早记载。另《诗经·大雅·生民》篇中也生动描绘了周朝始祖,尧舜时期掌管农业的官吏后稷在获得谷米丰收后向上帝献祭的情景,"卬盛于豆,于豆于登,其香始升。上帝居歆,胡臭亶时"。祭祀活动,乃是远古时期人们寻求天人沟通、协调天人关系的重要方式。这是因为,大自然作为人类生存的必要外在环境,一方面可以给人类提供必需的生产、生活资料;另一方面又会给人类带来各种灾难,导致人类的生存遭遇困境甚至面临毁灭。面对威力如此广大却又神秘莫测的自然力,科学水平低下的初民根本无法认识与控制,必然会对上天产生一种敬畏、敬重的心理,认为上天操纵着人世间的一切。他们希冀通过祭祀这一方式来示好上天,从而得到护佑,避免灾殃。现代古文字学家于省吾从字形上对此义进行了考证,认为"敬"之初文"苟"的字形结构反映的正是羌族巫师在作法礼神时的形体样式,而如此样式所表达的就是"敬"之原始内涵,即天人关系中人对天的虔恭和敬畏的态度。

"敬"作为一种道德,则出现于西周初年,是当时出现的诸多新

---

❶ 赵伯雄. 先秦"敬"德研究 [J]. 内蒙古大学学报(哲学社会科学版),1985(2):23-34.

❷ 由于本文题旨在于敬业,故主要对"敬"传统义涵中与敬业相关内容进行剖析,而对其他含义(如作为一种修养功夫的敬)则不做讨论。

道德概念之一，周人对"敬德"是极为重视的，不仅在统治者的典谟训诰中反复出现，而且"贯穿其于周初人的一切生活之中"❶，故在西周金文中可见到大量的"敬"字。周人对"敬"的重视有其强烈的现实需要。按照徐复观先生的说法，"这是直承忧患意识的警惕性而来的精神敛抑、集中及对事的谨慎、认真的心理状态。"❷ 而这种忧患意识，又与责任意识有关。周人的忧患意识来自周革殷命的深刻反省：一是在人们普遍信奉君权神授的前提下，大邑商为何会失去天命的护佑，小邦周能够取而代之？二是周人如何才能始终保有得之不易的政权（或是天命）？在此，周人认为，德，尤其是统治者的德行，起到了关键性的作用，故西周的开创者周公等人在制定治国方略时将其核心确定为"以德配天"和"敬德保民"，并反复告诫周初的贵族们"疾敬德"❸"往敬用治"❹。这说明，在天、德问题上，周人既"敬天"又"敬德"。一方面，天与德在周人的心中处于不同的维度，"敬天"是属于宗教层面的信仰，"敬德"则属于伦理层面的观念与行为；另一方面，二者间具有紧密的内在融通性，"敬德"是"敬天"的必要内容与前提。周人正是通过"敬德"的方式来表达和实现对"天"的"敬"，并希冀以此获取上天的认同、信任与持续眷顾，从而永保天命。这意味着周人虽"敬天"却又不把命运完全交付于天，而是认为在天人关系中，人自身具有相当大的主动性与自为性，而"敬德"便是这种主动性与自为性的重要表现形式。就具体实践层面而言，"敬德"则表现为"敬事"，即对待事情所应持有的一种态度和德行。这样，"敬事"不仅成为这一时期"敬德"的主要内容，而且成为"敬德"的重要表现形式。沿着这样的逻辑理路，周人对待事情时可谓极尽"敬"态。

---

❶ 徐复观. 中国人性论史（先秦篇）[M]. 上海：上海三联书店，2002：20.
❷ 徐复观. 中国人性论史（先秦篇）[M]. 上海：上海三联书店，2002：20.
❸ 四书五经 [M]. 北京：线装书局，2007：208.
❹ 四书五经 [M]. 北京：线装书局，2007：211.

二、"敬事"的传统含义

"敬事",大体包含两大层面的含义,即临事时的心理状态和临事时的行为状态。

1. 畏—惧—警的道德心理意识

首先,敬含有"畏"义。《诗·大雅·板》的末章中四句:"敬天之怒,无敢戏豫。敬天之渝,无敢驰驱。"就此句主旨言,"无论是刺谏周王,还是臣僚相戒,劝诫的内容都鲜明地指向了一种行事的准则。……从'天之怒''不敢''无敢'之辞来看,敬明显有敬畏之义。"❶朱熹亦以"畏"释敬,强调"敬,只是有所畏谨,不敢放纵"❷。不仅如此,敬、畏还可互训。"畏,敬也。"❸那么,畏之本义如何呢? 畏,就是指心服。❹"心服"的含义应为衷心信服,故畏之含义,应是指主体内心中对某个外在对象的充分认同和信服。天、事等皆可谓这样的外在对象。

其次,敬含有"惧"义。《说文·心部》上以敬训懿和竦,段玉裁说,懿和竦有恐、惧义❺。另据《字源》的解释,惧的本义为害怕,恐惧。《说文》上亦云:"惧,恐也。"就道德心理层次言,害怕、恐惧可谓是从较高层面的"畏"延伸而下的更为具体切实的意识和心态——在对某种外在力量绝对信服的前提下,担心自身不能符合和顺应其意旨而遭遇祸殃。为此,他们时刻提醒自己戒惧谨慎。如《易·系辞下》说"其出入以度,外内使知惧",《论语·述

---

❶ 孟庆楠. 论早期《诗》学中敬的观念[J]. 哲学研究,2011(4):75-82.

❷ 朱杰人,严佐之,刘永翔. 朱子全书[M]. 上海:上海古籍出版社,合肥:安徽教育出版社,2002:372.

❸ 《大戴礼记·曾子立事》中"祭祀而不畏"句,《曾子制言中》"畏之见逐"句,王聘珍皆作如此解诂。

❹ 《礼记·曲礼上》说:"畏而爱之",郑玄注曰:"心服曰畏。"《论语·子罕》中"子畏于匡"句,皇侃亦疏为:"心服曰畏。"

❺ 段玉裁引《传》解释道:"《商颂》:'不懿不竦。'《传》曰:'懿,恐;竦,惧也。'"

而》说"必也临事而惧,好谋而成",都表达了这层意思。

最后,敬含有"警"义。甲骨文中的"敬"字,就做"警惕"解。❶《诗·大雅·常武》中说:"既敬既戒,惠此南国。"郑玄把"敬"释为"警"。❷ 徐灏认为,敬有戒谨义,苟训急敕,敕者,戒也。其义相近,声亦相转,疑苟即古敬字,从苟加攴,攴,治也,治事肃恭之意。❸ 这一解释得到清代阮元的高度认同,他在《研经室集下·释敬》中说,古圣人造字都有其本义,而此"敬"字的本义最为精确。另据《说文·苟部》中"苟,自急敕也"和段玉裁"敕者,诫也"的注释可知,敬,还应包含主体对来自本身之外的其他行为的警戒。

畏、惧、警,作为"敬"内蕴的三种道德心理意识,具有内在的逻辑贯通性。在畏、惧的双重情感压力笼罩下,周人表现出积极的应对策略和态度,通过保持内心的高度警惕,"遇事临深履薄而为之,不敢轻为,不敢妄为"❹,小心翼翼,时刻检省自身行为,防止出现违逆天、德的现象,最终实现避灾的目的。这一心理状态显现于外,就表现在行为上的慎、肃、勤。

2. 慎—肃—勤的道德行为表现

首先,敬有慎义,要求人们行事时小心谨慎。郑玄在对《诗·周颂·闵予小子》中"维予小子,夙夜敬止"一句进行解释时,直接笺云:"敬,慎也。"此义还可从其他三种方面加以推断。一是关于敬之初文"苟"字的释义。《说文·苟部》上说:"苟,从口,口犹慎言也。"另据《礼记·内则》上说:"慎而能寡言者。"可见在古人看来,寡言是慎行的重要表现,由此可知"苟"有谨慎之义。二是某些文献中的记述。《左传》中有两个句子,"敬始而思终,终

---

❶ 徐中舒. 甲骨文字典 [J]. 成都:四川辞书出版社,1989:1020.
❷ 郑玄笺曰:"敬之言警也。警戒六军之众。"
❸ 徐灏. 说文解字注笺:卷九[M]. 上海辞书出版社图书馆藏清光绪二十年徐氏刻,民国四年补刻本影印:234.
❹ 黎靖德. 朱子语类 [M]. 北京:中华书局,1994:494.

无不复"和"慎始而敬终,终以不困"。把这两句联系一起互证,可知敬、慎的意义极为相近。三是西周中期以后的金文,在"苟"字上又添加"攴"符(《说文·攴部》),此字符有迫使、管理和约束之义。故可知"敬"必包含有因外来压力而不得不小心慎重之义。而且,慎、谨同义,如《说文解字注》里说"二篆为转注"。古人之所以如此强调慎行,是因为"慎"可避祸❶,如此要求实际上反映了古人在强调谨言慎行的背后所隐藏着的忧患意识。

其次,敬有肃义,要求人们行事时严肃认真。许慎说"敬,肃也",他认为敬就是肃。《说文解字诂林》上进一步释"肃"为"持事振敬",并说敬、肃二者可为转注。❷ 根据《字源》的解释,敬字的本义就是严肃,并且西周早期金文以苟为敬,敬字是在西周早中期之间产生的,是在苟字基础上累加义符而成,是表示肃敬之义的专字。这一解释在许多文献中均可得到确证,如西周晚期《逆钟》铭文云:"敬乃夙夜,用屏朕身。勿废朕命,毋坠乃政。"❸ 这显然是对那些被授予官职的人提出的要求,期望他们对待任命要严肃认真。不过,在程颢看来,这种严肃认真还必须发自内心,"不可矜持太过"❹,因为矫揉造作反而会影响"敬"之精神。

最后,敬有勤义,要求人们行事时勤恳上进。周朝在考核官吏时的六条标准之一即为"廉敬"。郑玄认为"敬"就是指"不懈于位"。何谓"懈"?根据《说文》的解释,懈就是怠,怠就是慢,慢就是惰,惰就是不敬。❺ 所以,要做到敬,就必须积极勤恳,"无敢慢"❻。郭沫若说敬之本意就是要人"时常努力,不可有丝毫的放

---

❶ 《易·坤》:"慎不害也"。孔颖达对此义解释:"其谨慎,不与物竞,故不被害也"。
❷ 丁福保. 说文解字诂林 [M]. 北京:中华书局,1988:9086.
❸ 中国社会科学院考古研究所. 殷周金文集成 [M]. 北京:中华书局,1984:47-50.
❹ 程颢,程颐. 二程集 [M]. 北京:中华书局,1981:61.
❺ 《说文·心部》:"惰,不敬也。慢,惰也。怠,慢也。懈,怠也。"
❻ 程颢,程颐. 二程集 [M]. 北京:中华书局,1981:73.

松。"❶ 敬的这一含义,不仅要求人们在临事过程中坚持不懈、持之以恒,而且要求临事时要专心致志,尽心竭力、全身心投入;"教人每事习个专一"❷。此层意思通过《说文》中以敬释忠即"忠,敬也"亦可得到反映。何谓忠?"尽心""尽己""一其心"是也。❸显然敬也有此义。

三、"敬事"与敬业

综上所述,"敬事"作为一种工作态度,包含了敬畏、戒惧、警惕的心理状态和小心谨慎、严肃认真、勤勉努力的行为态度,这些临事时对人的基本要求历来得到人们的认同和推崇,成为指导和评价人们职业生活的基本原则。今天,在继承、吸收和弘扬其基本内核的基础上,还必须根据新时期的特征,从责任、创新、趣味和乐群等方面对敬业精神的内涵予以丰富和发展。

(一)责任

责任是敬业精神中最突出的道德要求,是其最基本、最重要的特性。自"敬德"这一概念产生时就与责任有着密切的联系。周人初始所提倡的"敬德""敬事",作为对承天、顺天以昌国运的政治理想所做出的积极回应,其中虽裹挟着不得已而为之的被动、压迫感,但亦透露出对于人事以及自我命运的深切责任感与使命感,随着时代的发展,这一价值倾向愈发明显。这是因为当人们对天与人之间的关系有了越来越多的理性认知后,天的宗教性意味逐渐弱化,天对人的绝对权威走向消解;"敬事"不再是顺承天意以换取天命延年的工具和手段,为天性渐渐消失,而属人性与社会性的方面则日

---

❶ 郭沫若. 先秦天道观之进展[M]//郭沫若全集:历史编·第一卷. 北京:人民出版社,1982:336.
❷ 朱熹. 答吕子约第4册[M]//朱熹集卷四十八. 成都:四川教育出版社,1996:2345.
❸ 《说文解字注》:"尽心曰忠。"《四书章句集注》:"尽己之谓忠。"《忠经·天地神明章第一》:"忠也者,一其心之谓也。"

益凸显，其责任指向也主要聚集于人之个体以及人之世界，表现为对个体自身以及人之社会的责任。

当前的职业领域中存在着因对所从事职业的意义和目的的认识模糊、偏颇甚至错误而导致的职业倦怠，对这一责任内涵的深入解读和领会，将有助于对此状态的调节，从而为劝导和激发从业者的职业热情提供深层动力。马克思说："人们的存在就是他们的实际生活过程。"❶ 这表明，人的实际生活过程即是人的存在方式和内容。而在人们的实际生活中，职业是其生活的重要组成部分，故而也可以说，职业是人的一种重要生存方式和内容。个体通过职业不断丰富、展现和创造自己的生命过程，并从中彰显和确认自身的价值以及生存意义。就此而言，"敬事"这一举动就包含着对个体自我存在与成长的重要责任。因此，"对于自己的职业不敬，从学理方面说，便亵渎职业之神圣；从事实方面说，一定把事情做糟了，结果自己害自己。所以，敬业主义，于人生最为必要，又于人生最为有利。"❷ 同时，"敬事"亦是对他人、企业和社会（群体）的责任担当。职业作为社会分工的具体表现样式和载体，其本身即具有鲜明的社会属性，人们正是经由职业这一形式，创造出彼此生活、生产所需的物质资料和精神财富，并在此过程中共同推动着生产力的发展和人类社会的进步，因此，"敬事"价值的崇高性必然指向他人、企业和社会。此外，从业人员的强烈责任感，不仅可以促使其把职业道德要求自觉上升为道德义务而主动践行，而且会有助于个体对职业忠诚度的养成与稳固。显然，这不仅有利于企业人才队伍的培养和稳定，而且有利于企业的持续健康发展。

（二）创新

创新是敬业精神中勤勉品格的重要内容。今天，创新成为时代

---

❶ 马克思，恩格斯. 马克思恩格斯选集：第1卷[M]. 北京：人民出版社，1972：30-31.

❷ 梁启超. 敬业与乐业[M]//饮冰室合集·文集之三十九. 北京：中华书局，1989：27.

精神的核心，得到了比以往任何时代都更为强烈的关注与推崇，其对行业生存与发展的重要性毋庸置疑，因此，应对那些单纯以劳动强度和劳动时间长度为主体的敬业评价体系进行现代性转换，突出职业创新在敬业评价体系中的地位。要实现这种转换，必须对以下问题有一全面认识。

首先，要辩证分析以劳动强度和劳动时间长度为主体的敬业评价尺度，防止出现对其轻视甚至全盘否定的误区。在实践中，关于劳动强度和劳动长度的践行，往往与主体对其定位有密切关系，并因之而造成消极的或积极的相反结果。就消极结果而言，大致有两种情况：一是从业者在主观上具有一定恶意，期望通过工作上的简单重复和时间拖延以求得劳动长度，从而造成所谓敬业的假象；二是从业者主观上并无恶意，而是自身对劳动"苦功"具有极其强烈的信仰，认为不断加大的劳动强度和长度是创造更多财富的必经之路。上述两种行为的性质显然不同，前者属于恶劣的消极怠工，模糊、混淆和掩盖了"消极怠工"和"吃苦耐劳"的本质差别，在从业实践中具有很大的欺骗性，可在一定程度上造成和带动恶劣的工作作风，因此要坚决反对；后者则属于未能与时俱进而造成的守旧思维，应加强教育以助其快速转变落后的思想观念。就积极结果而言，大致也分两种情况：一是具有一定劳动强度和劳动时间长度的基础性工作，是创新得以产生的必要积累过程，必须大力提倡；二是作为吃苦耐劳精神的载体与体现，理应得到全社会的尊重和承认。

其次，深入理解职业作为劳动和实践的能动性特征。马克思说："劳动首先是人和自然之间的过程，是人以自身的活动来引起、调整和控制人和自然之间的物质变换过程。"❶ 这说明，劳动是人对自然的改造过程，是实现人和自然之间物质变换的现实性活动；而职业作为一种劳动形式，亦必然具有如此特征。实践就是"做或行动"，

---

❶ 马克思. 资本论［M］//马克思恩格斯全集：第 23 卷. 北京：人民出版社，1972：201-202.

所以职业也是一种实践形式;这种实践活动作为人与物分野的根本界限,体现出了"人类特殊的能动性"。❶可见,无论劳动还是实践,其突出特征都是人的主体性和创造性。因此,职业活动理应充分反映人之为人的主体性和创造性特征,而创新则可谓这一特征的集中体现;正是在创新过程中,伴随着劳动深度和广度的不断拓展,人的本质力量及其发展亦得到不断确证。

(三)趣味

真正的敬业精神中必然渗透着趣味。"凡职业都是有趣味的,只要你肯继续做下去,趣味自然会发生",❷并且这些职业的趣味还具有同质同量性。任何一个从业者,尽管其工作岗位和工作内容存在差异,但是他们在工作时所感受到的趣味却是相同的。那么,职业的趣味来自何处呢?

根据弗鲁姆的期望理论,人性的自我进步和不断追求价值的过程就反映在努力—绩效、绩效—奖赏、奖赏—个人目标等三个渐进层面系统中。这个系统是对从业者职业生活的生动刻画,其中蕴含了人对客观世界的认识及对主观世界的改造。伴随着这一进步过程,人对未知世界不断探索并无限接近;人性价值被持续开发、创造与凸显,人之为人的重要性与意义被确认,同时职业价值亦被不断实现与肯定。于此情形中的人,必因"奋斗—实现—创造"的前进链条而获得满足感,并由之而生出强烈的职业自豪感与幸福感。——所有这些都构成了职业的趣味。

当然,从业者精益求精的职业追求在此成为不可或缺的因素,其持之以恒,刻苦钻研和勇于探索的品质都成为职业趣味的源头。关于这一职业过程,梁启超认为,从业者是职业发展变化的亲历者、参与者,那些看似艰苦的工作环境和过程不仅无足轻重,反而因为

---

❶ 毛泽东. 论持久战 [M] //毛泽东选集:第2卷. 北京:人民出版社,1991:477.
❷ 梁启超. 敬业与乐业 [M] //饮冰室合集·文集之三十九. 北京:中华书局,1989:28.

这份刻苦而使其中的快乐增加，令人更觉幸福。而且当一个人专心致志于某项职业时，亦顾不得胡思乱想，也就没有那些无谓的烦恼了。此外，在工作过程中的竞争状态也会使人因获胜而有快感。如此生活，得到了梁启超的积极推崇，视之为人类的理想生活。❶

敬业精神不应以苦为底色，真正怀抱敬业精神的人，无不从艰苦中感受着源自内心的愉悦和幸福，并对职业产生强烈的热爱之情，从而将职业视为人生的需要而备感珍视，并享受其中。

（四）乐群

敬业一词的最早出现，是与乐群一词联系在一起的，这说明了古人对于二者关系的重视。不仅如此，"敬业""敬事"作为对行为的要求，在产生之初就蕴含着通过以德配天而实现天人关系和谐的诉求。可见，所谓敬业，绝不应仅指个体对工作的投入状态，还必然包含与同一团队中其他个体形成和维持一种积极关系的要求。

《礼记正义》中有"乐群，谓群居，朋友善者，愿而乐之"句，《礼记集解》中有"乐群者，乐于取益，以辅其仁也"句。这表明，乐群不仅指向一种融洽的人际关系，而且还要求群体内部成员能够取长补短、互有增益、共同进步。这一意蕴显然与当下十分盛行的"团队精神"具有内在相通处。所谓团队精神，强调的就是成员间的相互促进、整体互补、共同提高，从而实现共同的目标。它着眼于群体效能的提升和群体力量的发挥，而不仅仅是个体能力的增强和单打独斗。在我国，团队精神里注重人际和谐和群体力量的价值理念早已深入人心。例如，在"天时""地利""人和"三者的比较中，孟子认为，"天时不如地利，地利不如人和"❷，即更具重要性的是"人和"；在人与物的关系中，荀子认为，人之所以能够支配万物，成为万物之主宰，根本原因亦在于"人能群，彼不能群也"。

---

❶ 梁启超. 敬业与乐业［M］//饮冰室合集·文集之三十九. 北京：中华书局，1989：28.
❷ 四书五经［M］. 北京：线装书局，2008：37.

团队精神作为团队协同工作的精神，特别是作为企业的先进管理经验与运行模式，已得到人们的普遍认同。因此，是否具有团队精神已成为企事业单位在聘任和评估员工时不可或缺的重要指标之一。"乐群"作为与团队精神内涵具有某些相合处的价值理念，在培养团队精神、促进团队建设、增强团队竞争力、提升劳动效能等方面，必然能够发挥积极作用，因此，理应成为敬业精神的一项重要内容。

参考文献

［1］于省吾. 释羌、苟、敬、美［J］. 吉林大学社会科学学报，1963（1）：43－50.

［2］侯外庐，赵纪彬，杜国庠. 中国思想通史：第1卷［M］. 北京：人民出版社，1957：93.

［3］徐复观. 中国人性论史（先秦篇）［M］. 上海：上海三联书店，2002：20.

［4］李学勤. 字源［M］. 天津：天津古籍出版社，沈阳：辽宁人民出版社，2012：805.

［5］VROOM V C. Work and motivation. New York：Wiley，1964.

［本文为国家社科基金重大项目"中国特色社会主义道德体系研究"（12&ZD093）、北京青少年教育与发展研究基地自设项目"先秦儒家教化思想与青少年道德培养"研究成果，作者系北京东方道德研究所研究员］

学德辨实：新时代青年培育践行社会主义核心价值观的四个着力点

张子荣

摘　要：习近平总书记关于在青年中培育和践行社会主义核心价值观的重要论述，系统回答了"青年与国家复兴、青年与社会发展"等重大关系和实践命题。青年的核心价值取向决定了未来整个社会的价值取向。新时代，青年必须按照习近平总书记的要求，在勤学上下功夫，奠定核心价值观的知识基础；在修德上下功夫，把崇德修身摆在做人做事首位；在明辨上下功夫，掌握正确判断和选择的总钥匙；在笃实上下功夫，把核心价值观外化为自觉行动，这是青年树立和培育社会主义核心价值观的基本路径。

关键词：社会主义核心价值观　青年　思想政治教育

习近平总书记始终关心青年成长成才，他在党的十九大报告中指出，青年一代有理想、有本领、有担当，中华民族伟大复兴的中国梦终将在一代代青年的接力奋斗中变为现实。青年的价值取向决定了未来整个社会的价值取向，而青年又处在价值观形成和确立的时期，抓好这一时期的价值观养成十分重要。人生的扣子从一开始就要扣好。习近平总书记高度重视青年培育和践行社会主义核心价值观，在一系列重要论述中系统回答了"青年与国家复兴、青年与社会发展"等重大命题。要求青年做到"勤学、修德、明辨、笃实"，使之成为一生的基本遵循，为新时代青年培育和践行社会主义核心价值观指出了根本路径。

一、勤学：培育和践行社会主义核心价值观的始发点

勤学，事关社会进步和国家复兴大计。习近平总书记把学习放在"四个功夫"的首位，不唯对青年要求如此，而是始终高度强调学习的重要性。他指出，中国共产党人依靠学习走到今天，也必然要依靠学习走向未来。从历史经验教训看，能不能学习、会不会学习是影响"国运"的隐性杠杆。世界上一些民族和国家的迅速崛起，无不是经由全民特别是青年的学习来持久推动的。据瑞士洛桑国际管理学院的一项研究，国民素质与国家竞争力的相关系数在 0.9 以上。习近平总书记强调，"我们的干部要上进，我们的党要上进，我们的国家要上进，我们的民族要上进，就必须大兴学习之风，坚持学习、学习、再学习。""领导干部学习不学习不仅仅是自己的事情，本领大小也不仅仅是自己的事情，而是关乎党和国家事业发展的大事情"❶。他在出席亚洲相互协作与信任措施会议后，与外国专家座谈时强调，"中国要永远做一个学习大国"❷。习近平总书记对于学习的这些论述，事实上是把会不会学习、怎样学习作为一个事关社会进步和民族复兴的重要方面。学习是人类不断认识自己的无知、不断获得智慧的表现，也是国家和社会文明进步的永续动力。

勤学，是为了奠定青春奉献的知识基础。"知识是树立核心价值观的重要基础"❸。核心价值观是一种德，是一种国家和社会广泛认可的道德。道德和知识之间有一个天然通道。如，苏格拉底就建立了一个"知识即道德"的伦理体系，提出不道德的行为是无知的产物，人们只有获得概念的知识，才会有智慧、勇敢、节制和正义。马克思也曾论述过知识学习与思想道德的关系，认为有思想的人的

---

❶ 习近平. 在中央党校建校 80 周年庆祝大会暨 2013 年春季学期开学典礼上的讲话 [N]. 人民日报，2013 – 03 – 03（2）.

❷ 习近平在同外国专家座谈时强调：中国要永远做一个学习大国 [N]. 人民日报，2014 – 05 – 24（1）.

❸ 习近平. 青年要自觉践行社会主义核心价值观——在北京大学师生座谈会上的讲话 [N]. 人民日报，2014 – 05 – 05（2）.

良心不同于无思想的人的良心，而良心则是由人的全部知识和全部生活方式决定的。他把人的道德与知识素养建立起联系，指出了知识对于人的道德的影响作用。学习能够改变青年的精神面貌，陶冶青年的情操，提高青年的趣味，愚昧无知则使人精神空虚、生活无聊、情趣低下。学习有助于青年正确认识世界的本质，帮助青年把世界观和人生观建立在科学基础之上。习近平总书记把学习与价值观修养联系起来，指出了学习的终极目的是实现个人成长和推动社会进步。"非学无以广才，非志无以成学"。青年特别是在校大学生，处于汲取各种知识养分，建构自己的知识体系的重要时期，要跟上时代发展步伐，就必须不断学习。要注重学习人生经验和社会知识，要增强知识更新的紧迫感，从改革开放和中国特色社会主义建设中汲取智慧，如饥似渴地学习科学文化和社会知识，全面提高个人的知识素质。以学立德，在学习过程中不断提升思想道德素养，树立正确的世界观、人生观、价值观。

勤学，青年要落实三个"贵在"的要求。习近平指出，青年"为学之要贵在勤奋、贵在钻研、贵在有恒"。❶ 针对的是在当代青年大学生中存在的一些怠于学习、浅尝辄止，以及学习上的短期行为、功利主义等不良现象。当前，一些大学生在学习生活中一切以就业为指向，不求在专业知识上的精深掌握，不求在通识素养上的全面提升，导致学习不勤、不深、不久。这种学习的功用化，牺牲了深度学习的效果，违背了终身学习的理念，对青年成长成才极为不利。三个"贵在"对青年如何加强学习提出了三个维度的要求：勤奋是一种学习态度，钻研是一种学习深度，有恒是一种学习持久度。一要有勤奋的学习态度。随着新科技革命蓬勃兴起，知识呈几何级数增长，知识更新速度加快。青年大学生面对新知，必须付出努力、做到勤奋。要有惜时如金的精神，肯下力气、肯花时间，勤

---

❶ 习近平. 青年要自觉践行社会主义核心价值观——在北京大学师生座谈会上的讲话［N］. 人民日报，2014-05-05（2）.

于、善于利用时间，有效配置学习精力。二要有钻研的学习深度。人的时间和精力有限、认知水平有限，必须以通识为前提，根据自身的智力条件和发展需求，围绕国家和社会发展需要，找到属于个人的专有知识领域。要创造性地深入研究，以问题为导向，深入理解已知领域，探索未知领域，解决未解问题。三要有持久的学习恒心。学习贵在有恒，就是要树立终身学习的理念，不仅在大学校园要学习，走向工作岗位也要学习；不仅在青年时期要学习，还要"活到老、学到老"，终其一生持续学习，不断更新知识结构。

二、修德：培育和践行社会主义核心价值观的关键点

修德，事关中国未来社会和政治生态。中华民族是一个高度重视克己修身的民族。"道德之于个人、之于社会，都具有基础性意义，做人做事第一位的是崇德修身"❶。强调青年之修德，不仅是站在青年成长成才的个体角度，而且是站在国家复兴和民族发展的社会角度，同时，还是站在未来中国发展的先锋引领力量的政治角度。青年是党和国家未来，一批新的党政领导干部要从当代青年中成长起来，重视广大青年的修德，关乎未来的官德政德，关乎中国的政治生态。良好的政德是领导干部立身做人、为官从政的准则，是履职尽责、干好工作的基础，也是抗拒诱惑、抵制歪风、保持干净的法宝。习近平总书记对领导干部、对青年提出的修德要求是一致的。那就是明大德、守公德、严私德。只有抓好当前政治生态治理，抓好党政领导干部的"存量"，才能起好示范作用，树好整个社会道德建设的风向标。也只有抓好青年的社会主义核心价值观培育，抓好党政领导干部的"增量"，才能塑造良好的社会生态和清正的政治生态。

修德，是为了确保青年的才华用得其所。青年是领风气之先的

---

❶ 习近平. 青年要自觉践行社会主义核心价值观——在北京大学师生座谈会上的讲话［N］. 人民日报，2014 - 05 - 05（2）.

社会力量，一个民族的文明素养集中体现在青年的道德风貌上。习近平总书记告诫广大青年，一定要不断加强道德修养，注重道德实践。"一个人只有明大德、守公德、严私德，其才方能用得其所"❶。这里的"德"具有广义性质，在品德之外还有着更加丰富的内涵，如中华民族的传统美德，就包含了优秀的道德品质、优良的民族精神、崇高的民族气节、高尚的民族情感、良好的民族习惯等。社会主义核心价值观，在实质上就是一种"德"的体现，在国家层面、社会层面和个人层面上的核心价值观表述，分别代表着国家大德、社会公德和个人私德。修德，就个人而言，"德者，才之帅也"；就群体而言，"德者，民之性也"；就国家而言，"德者，国之基也"。对于青年而言，尤其重要的是正确处理好德与才的关系，做德才兼备、以德为先的新时代青年。确保青年之才用得其所，就必须要由正确的"德"加以引导和规范。德制约才的发展方向，青年的才能最终为谁所用，它的作用是进步的还是消极的，是由青年的政治态度、政治品德、个人道德等决定的。德影响才的发挥程度，才能的发挥需要勤于学习、艰苦奋斗，而忠诚、坚韧等政治品德和职业道德为勤学和奋斗提供着动力。

修德，青年既要立意高远又要立足平实。习近平总书记指出，青年加强道德修养，要处理好"高"和"实"的关系，既要立意高远，又要立足平实。要处理好大和小、公和私的关系，既要修报效国家、服务人民的大德，更要做好小事、管好小节，修好个人的私德。他指出，中华民族的优秀传统美德，如爱国、勤劳、节俭、感恩、助人、宽容等，都是青年应当学会并发扬的品德。习近平总书记强调自省自律在青年加强道德修养上的重要性。道德是一种社会意识形态，存在于思想、心理、行为等层面，与个人的自我反省、自我控制有密切关系。他要求青年要时刻保持自省自律意识，要经

---

❶ 习近平. 青年要自觉践行社会主义核心价值观——在北京大学师生座谈会上的讲话[N]. 人民日报，2014-05-05 (2).

常自我约束、自我反省。青年要对照道德标准和法律、社会规则要求，不断检视自身，提高个人的道德修养，规范个人的行为。尤其要坚持从小事、小节上提高修养，在生活点滴中完善自我，做到慎独慎小，始终不放纵、不越轨、不逾矩。这样，在走上社会后，才能在更大的道德和气节上拥有自我准则。

三、明辨：培育和践行社会主义核心价值观的主攻点

明辨，事关应对价值观较量的新态势。世界正在发生深刻复杂的变化，信息时代各种思潮的相互激荡，东西方各种相互对立的社会思潮大量涌现，对舆论场的争夺比以往任何时候都要激烈。价值多元化在带来价值苏醒、价值取向多样化的同时，也导致了价值认同路向的模糊性。如，历史虚无主义思潮以"历史细节的考证否定宏大叙事"的方式"解构"历史，达到否定共产党执政合法性的目的。新自由主义思潮扭曲对社会主义市场经济的理解，主张私有化，攻击否定社会主义道路。后现代主义思潮主张解构一切、摧毁一切，追崇多元化、差异性、不确定性。每一种社会思潮都是一种价值观。一些错误思潮打着学术创新的旗号，不断在青年中寻找市场，渗透方法更加巧妙，掩饰手法更隐蔽，迷惑性更强。造成青年思想观念紊乱，甚至产生信仰危机，冲击着社会主义核心价值观教育。面对各类思潮的冲击，习近平总书记指出，"意识形态工作是党的一项极端重要的工作"❶，要保持意识形态的定力，"保持对自身文化的自信、耐力、定力"❷。必须清楚，对世界事务的了解和参与，目的是使中国发展得更好。如果忘记了这个目的，在国际借鉴中迷失自己甚至一味地跟风国外、否定自己，这样的借鉴就非但无益而且有害。妄自菲薄地推崇国外、不顾实际地照搬照抄，"言必称希腊"，都是无自信、无定力的表现。

---

❶ 倪光辉. 习近平在全国宣传思想工作会议上强调：胸怀大局把握大势着眼大事，努力把宣传思想工作做得更好 [N]. 人民日报，2013-08-21 (1).
❷ 周培清. 保持对自身文化的自信、耐力、定力 [N]. 人民日报，2014-10-16 (7).

明辨，是为了把握青年奋斗奉献的航向。改革开放和市场经济的发展，增强了我国的综合国力，同时也促发了社会转型和社会思想的转型。比之改革开放以前，当代青年面对的价值观选择更加多元、更加复杂。总的来看，我国青年的价值观从单一走向多样、从传统走向现代、从困惑走向自觉、从解构走向整合。从多元化视角看，年轻人生活方式日益丰富，青年人的价值选择在新媒体和自媒体中得到充分表达。青年人的个性意识、竞争意识和权利意识率先觉醒，反映了青年价值取向的多样变化。也不可否认，各类信息的迅猛传播使青年在价值判断方面应接不暇，多元价值观也给他们的社会行为带来误导。社会转型期也是各种问题的多发期，青年必然会随社会变化在价值观上发生复杂共振，不可避免会出现种种错误思潮。在一些青年中，存在着信仰危机、道德冷漠、集体失语、公正缺失等不良现象。对于这些变化，习近平总书记将之总结为"纷繁多变、鱼龙混杂、泥沙俱下"❶。使青年具备明辨是非的能力，是当前培育和践行社会主义核心价值观的重要着力点。必须在核心价值观教育中，旗帜鲜明地做好青年的社会主义意识形态工作，特别是在高校这个意识形态领域斗争的最前沿，严厉打击敌对势力与我争夺青年、争夺阵地、争夺人心的各类行径。

明辨，青年要掌握正确的"三观"这把"总钥匙"。青年"要树立正确的世界观、人生观、价值观，掌握了这把'总钥匙'，再来看看社会万象，一切是非、主次，一切真假、善恶、美丑，自然就洞若观火、清晰明了，自然就能做出正确判断、做出正确选择。"❷青年的世界观和人生观，需要通过观察他对具体事件的态度和行动来判断，价值观是世界观和人生观的现实体现。应当引导广大青年学会辩证地看问题、分析问题，不断汲取和弘扬真善美等"正能量"，始

---

❶ 习近平. 青年要自觉践行社会主义核心价值观——在北京大学师生座谈会上的讲话［N］. 人民日报，2014-05-05（2）.

❷ 习近平. 青年要自觉践行社会主义核心价值观——在北京大学师生座谈会上的讲话［N］. 人民日报，2014-05-05（2）.

终远离和拒斥假恶丑等"负能量"。面对各种价值观的碰撞，青年要提高价值判断力，善于剖析各种社会思潮的本质，善于同社会思潮交锋对话，超越西方价值观的话语霸权。从青年的个人成长来看，将不可避免地"面对学业、情感、职业选择等多方面的考量，一时有些疑惑、彷徨、失落"❶。习近平总书记看到了这一点，指出这是正常的人生经历。面对这些考量考验，避免疑惑、彷徨和失落等消极情绪和行为，关键仍然在于"明辨"，在于"学会思考、善于分析、正确抉择"，"做到稳重自持、从容自信、坚定自励"❷。

  明辨，还要当成社会系统工程抓紧抓好。一是发挥高校主阵地、排头兵作用。习近平总书记要求"全国高等院校要走在教育改革前列，紧紧围绕立德树人的根本任务，加快构建充满活力、富有效率、更加开放、有利于学校科学发展的体制机制，当好教育改革排头兵❸。"高校要发展健康向上的校园文化，办好各类校园宣传载体，运用报刊、广播、电视、校园网等传播工具，加强马克思主义意识形态主阵地建设，宣传弘扬社会主义核心价值观。要完善实践教育教学体系，开发一系列实践和活动课程，建设完善一批大学生校外实践教育基地、高职实训基地、青年社会实践活动基地。二是建设师德高尚的高素质教师队伍。青年人更容易感受到挫折、迷惑、痛苦，更需要外部力量的引导帮助。教师要在这方面发挥重要作用，自身要做有理想信念、有道德情操、有扎实知识、有仁爱之心的"四有好老师"。同时，要做学生锤炼品格的引路人，在青年明辨是非方面发挥"解惑""传道"作用。高校应当采取多种方式，为思政课教师和辅导员开展核心价值观培育践行活动创造良好条件。要坚持师德为上，完善教师职业道德规范，将师德表现作为教师考核、

---

❶ 习近平. 青年要自觉践行社会主义核心价值观——在北京大学师生座谈会上的讲话 [N]. 人民日报，2014 - 05 - 05 (2).

❷ 习近平. 青年要自觉践行社会主义核心价值观——在北京大学师生座谈会上的讲话 [N]. 人民日报，2014 - 05 - 05 (2).

❸ 习近平. 青年要自觉践行社会主义核心价值观——在北京大学师生座谈会上的讲话 [N]. 人民日报，2014 - 05 - 05 (2).

聘任和评价的首要内容，形成师德师风建设长效机制。三是抓好社会整体文化建设。新时代的青年甚或是在校大学生，早已不是也不应该生活在"象牙塔"里，社会生活实践是他们明辨是非的历练场，青年的价值观、青年的明辨能力无时无刻受到社会整体文化的影响。社会主义核心价值观培育必须重视在现代生活条件下教育对象所呈现出来的一些现代特征❶。

四、笃实：培育和践行社会主义核心价值观的落脚点

笃实，事关贯彻理论与实践相统一的原则。社会主义核心价值观，是深入思想、心理、道德层面的理论体系，也是与实际生活密不可分的实践活动，必须坚持理论与实践相结合，在实践中推动社会主义核心价值观内化于心。理论与实践相统一是马克思主义最基本的原则之一。马克思主义经典作家反复强调，他们的理论不是教条，而是行动的指南，只有在实践中被实行、被验证的理论才具有生命力。毛泽东同志高度重视实践的重要性，指出："通过实践而发现真理，又通过实践而证实真理和发展真理。从感性认识而能动地发展到理性认识，又从理性认识而能动地指导革命实践，改造主观世界和客观世界❷。"社会主义核心价值观的高度概括，是从社会实践中来的，也必须通过更广泛的实践，贯彻到更广泛的人群特别是青年当中去。社会主义核心价值观的每一个表述，都有非常丰富、具体的社会实践内容，都需要通过各种形式体现在人们的行动中。

笃实，是为了使青年扎实干事、踏实做人。"道不可坐论，德不能空谈"，社会主义核心价值观重在培育，更重在践行。习近平总书记指出，青年要成长为国家栋梁之材，既要读万卷书，又要行万里路，既多读有字之书，也多读无字之书，注重学习人生经验和社会知识。要坚持知行合一，在实践中学真知、悟真谛。从一种价值观

---

❶ 庞桂甲，刘建军. 论社会主义核心价值观培育的审美向度 [J]. 思想政治教育研究，2018，34 (5)：33-38.

❷ 毛泽东. 实践论 [M] //毛泽东选集：第1卷. 北京：人民出版社，1991：286.

转换到另一种价值观，从不那么正确的价值观转换到正确的价值观，关键在于把价值判断体现在具体的行动上。社会主义核心价值观不是口号，不是标榜，青年持有什么样的核心价值观，主要看他在国事家事、大事小事、内事外事等各种不同环境条件特别是艰苦复杂的环境条件下的具体行为表现。要在各项工作中坚持"滴水穿石"，推崇实干精神和锲而不舍的韧劲。

笃实，要求青年在实践考验中砥砺品质。青年时期是富有创新活力、创造动力的时期，但有些青年又往往眼高手低、心浮气躁、急于求成，期望结果，忽视过程，踏不下身子扎实做事。青年要努力克服这些不良现象，切实把心思和精力用到脚踏实地、扎实学习和工作上，沉下身子、静下心，多学习多积累；多干事、多锻炼，多到艰苦环境中去，讲实话、办实事、求实效。艰难困苦，玉汝于成。苦难挫折往往更能锻炼坚强意志和顽强品格。环境艰苦、问题复杂、困难较大的地方，正是需要青年去接受锻炼的地方，也是青年可以大有作为的地方。青年应当勇于在困苦中成长，勇于知难而进，在解决问题、克服困难的实践中经受考验，在艰苦地区和复杂环境中砥砺品质、提高本领。中华民族伟大复兴的中国梦，需要青年接力奋斗才能变为现实。要担当起时代赋予的重任，青年在任何时候都不能懈怠。

勤学、修德、明辨、笃实，构成青年社会主义核心价值观的培育纬度和践行路径。勤学是培育根基，修德是践行关键，明辨是主攻方向，笃实是落脚之处，必须做好四个维度的有机结合，全面培育和践行，才能使社会主义核心价值观融入青年、塑造青年，促进青年不断进步，成长成才。

[本文为北京市社会科学基金项目"新媒体时代青少年核心价值观教育'新三态'研究"（17KDB007）、教育部职业院校文化素质教育指导委员会2017年度教育科研重点课题"新媒体时代高职院校培育社会主义核心价值观新语态研究"（WH2017ZD01）研究成果，作者系北京青年政治学院马克思主义学院副教授]

哲　学

程廷祚治《易》路向探析

李伟波

摘　要：清儒程廷祚治《易》重义理而轻象数，主张回到《易》文本本身，还原《易》的本来面目和本义，注重在人伦日用的实事实物中体道的经世路向，强调人道实践中适时而谋，"时中"具有在社会政治实践中实现秩序安排的社会功能。其治《易》路向充斥着复明道统的政治想象与治世诉求，彰显了清中期易学于日常生活中重建社会秩序的学术新动向。

关键词：回归原典　以经解经　人伦日用　时中

程廷祚（1691—1767），初名默，又名石开，后更名廷祚，字启生，号绵庄，晚年自号青溪居士，江宁上元（今江苏南京）人。程廷祚初从颜李弟子恽皋闻处得悉颜李学，遂致信李塨表达愿学之意，又从岳父陶窳处得见《四存编》和《大学辨业》，"始知当世尚有力实学而缵周孔之绪于燕赵间者。"❶康熙五十九年（1720），李塨南游金陵时，程廷祚屡过问学，从此服膺并传播颜李学说，成为颜李学派最重要的南方传人，亦是承接颜李学派与戴震的关键人物❷，在

---

❶ 此言见于《恕谷后集卷四·复程启生书》所附程廷祚与李塨书，参见〔清〕李塨. 恕谷后集[M]. 北京：中华书局，1985：43.

❷ 胡适认为程廷祚是承接颜李学派与戴震的媒介，参见胡适. 戴东原的哲学[M]. 合肥：安徽教育出版社，2003：353–354. 胡适读《青溪文集》后发现有两处提及戴震，一处在《六书原起论》中转注："近日新东戴东原说"；另一处在《与家鱼门论万充宗〈仪〉〈周〉二〈礼〉说书》中说："闻里中戴东原素留心经义，足下草与往复。"认为程廷祚在论及人道方面对戴震思想有重要影响。参见〔清〕程廷祚. 青溪集[M]. 合肥：黄山书社，2004：266–267.

江南一带颇负盛名，与方苞、姚鼐、恽皋闻、袁枚、吴敬梓、程晋芳等皆有过从。主要著作有《易通》十四卷、《大易择言》三十六卷、《读易管见》一卷、《易说辨正》四卷、《象爻求是说》六卷、《青溪文集》十二卷、《青溪文集续编》八卷、《青溪诗说》二十卷，其易学思想主要见于《易通》与《大易择言》，《易通》重在阐述其易学识见，《大易择言》则是对传统易学的辨疑及择断。近年来专门讨论程廷祚易学思想的研究成果，比较显著者如汪学群着力探讨程廷祚对传统易学的全面反思，❶ 将此反思视作其易学思想的最大特色，并考察其易学思想中"刚柔""易简"的重要性，将程廷祚与晏斯盛、焦循归为清中叶超越汉、宋易学的"构建易学的新尝试"。❷ 此外，杨自平就程廷祚易学思想渊源及易简哲学的核心地位展开进一步的探讨，认为其易学特色在于以三画卦的卦德及易简哲学治《易》。❸ 康全诚、张忠智则从万物相感、生生不已与动静之理等方面对程廷祚易学展开论述。❹ 前述研究成果对程廷祚思想渊源及易简哲学的论述较为透彻，有关其治《易》路向及现实实践所论较少亦不够深入，本文侧重从经典解释及复明道统的视角出发探讨其回归文本本身路向的必要性，凸显其"人事之学"的实践意识及经世取向，透过对"时中"的解读及现实实践展示其与颜李学派的内在关涉及经世路向的思想根柢，以及由此引出的儒学形态从宋明易学的形上形式转向经世易学的实用形式的学术走向，实为程廷祚易学的思想特质，并在此思想转向中肩负承前启后的重要作用，以此呈现其易学思想在清代易学史和思想史上的意义。

---

❶ 程廷祚不仅对《左传》等占法、汉代象数学、宋代河洛先天之说有所批评，而且对历代释《易》体例亦不认同。参见汪学群. 清代中期易学［M］. 北京：社会科学文献出版社，2009：319－337.

❷ 汪学群. 清代中期易学［M］. 北京：社会科学文献出版社，2009：299－405.

❸ 杨自平认为程廷祚易学特色在于："程氏重三画八卦，尤以乾、坤为根本；且程氏以阴阳论乾、坤，又以卦德论八卦，皆不取具体物象，而采抽象思维。"参见杨自平. 程廷祚"以经解经"的释《易》实践与易简哲学［J］. 清华学报，2013（2）：217－254.

❹ 康全诚，张忠智. 程廷祚《易》学思想探微［J］. 远东通识学报，2011，5（2）：1－18.

一、回到文本本身

历代经典研究的经验表明,解释者自以为做出最切合经典原义的解释,事实上却难免偏离经典原旨,或多或少地掺杂己意或依托附会,经典原貌及原义在种种遮蔽中晦暗不明。"当理学内部义理的纷争日亟,学者想借原始经典来解决问题时;当国势日蹙,内忧外患纷沓而来,学者想乞灵于经典时;始发觉传承二千余年的经典,皆已失去原有的面貌,为彻底解决这种经典研究的偏失,最根本的方法就是'正经'。正经的首要工作,就是对有误认作者、依托附会、伪造仿冒……嫌疑的经典,重新加以检讨。"❶ 及至明末清初,学者们开始反思理学家解经偏疏造成的道统不明乃至鼎革之变,转而重新审视经典及其传达的圣人之道,发起了此一时期声势浩大且影响深远的"回归原典"运动,意在重返经典本身,还原经典原貌,直探周孔思想之原旨。

在这场"回归原典"的学术潮流中,以颜元、李塨为代表的颜李学派可以说是大放异彩,他们不仅要回到周孔正学,还要学做孔子,以习行周孔"六艺"之学而特立于世。作为颜李学派南方传人的程廷祚尊信颜李,在检视历代易学的态度上也与颜李如出一辙,同时又受清初儒者"即经而求道"学术风尚的影响,重义理而轻象数,主张回到《易经》本身,回到孔子那里。他肯认《易》原初的占筮启示意义,但更强调其中蕴含的圣人大义,其易学研究的中心任务便是围绕还原《易经》作为人道之书的本来面目和文本本义而展开。他不满以往学者解《易》存在的误解和偏失,认为汉、宋易学遮蔽的不仅是《易》之本然,更为甚者是《易》所承载的儒家道统,如其指责宋儒道:"儒者有解经之误,有学术之误,而兼之者,宋人之说易也。解经之误,其害小;学术之误,其害大。"❷ 又道:

---

❶ 林庆彰. 明末清初经学研究的回归原典运动 [J]. 孔子研究, 1989 (2): 109.
❷ 程廷祚. 青溪集 [M]. 合肥: 黄山书社, 2004: 387 - 388.

"宋儒之学，根本既与三代有异，而复好为高论。与魏、晋习尚似异而实同。然在魏、晋，出于庄、老本不自讳；而宋人之于佛氏，则陷于不自知。此庄、老之害道者浅，佛氏之害道者深。"❶他敏锐地认识到学术之误害道远甚于解经之误，指出道统不明的根本原因在于宋儒杂糅释、道之学，宋儒虽以接续道统自居，实则异于先王之道。此处程廷祚议论宋儒的焦点与颜李毫无二致，❷均对宋学异于周孔原旨质疑，进而把接续道统的路径设定为重返周孔正学，"惟求其归于《论语》，而无即以宋人之《论语》为《论语》。"❸他主张跨越汉、宋儒经解，直接与原始儒家对话，从古经文中解读圣人一以贯之的道统，解经还具有复明道统的政治自觉的意味。

程廷祚治《易》的首要工作便是正本清源，让失去本来面目的经典还复本然，他从《易经》文本的辨伪和考证入手排除历代解释者"先见"，对汉、宋以来《易》道隐晦不彰的解经误区予以检讨，曰："知有《易》者莫不知有孔子之说，而《易》卒，何也？百家纷纭，或乱其外，或迷其内也。乱其外者，若卜筮纬候之类，而河图、先天为尤甚。迷其内者，若卦变、互体之类，而阳位、阴位、乘承、比应为尤甚之。数说者皆自以为出于《十翼》，而天下信之不疑者也。"❹在他看来，无论是自汉以来的卦变、互体或承、乘、比、应等解《易》体例，还是自宋以来的所谓先王所作、实则杂以释、道的河图、洛书、先天、太极等易图，莫不是后儒假托《易传》的穿凿附会之说，此种解经方式非但不能彰明经典本旨，相反却因遮蔽经典的本来面目而陷入"离经叛道"的泥潭，因而他对象数易学与图书易学是一概否弃的，如他曾就象数易学向朱子发出诘问，曰："卜筮，《易》之一端，因而淫于术数者，君子弗贵也。然古者

---

❶ 程廷祚. 青溪集[M]. 合肥：黄山书社，2004：391.
❷ 颜李亦有斥责宋学害道的类似言论，曾言："宋儒与尧、舜、周、孔判然两家，自始至终无一相同。"见〔清〕颜元. 颜元集[M]. 北京：中华书局，1987：257.
❸ 程廷祚. 青溪集[M]. 合肥：黄山书社，2004：391.
❹ 《续修四库全书》编辑部. 续修四库全书：经部·易类[M]. 上海：上海古籍出版社，2002：388.

卜筮之法，今亦不可得而详矣。《左》《国》所记，后儒所言，余曩疑其多不与《易》应。夫不与《易》应，则非自然之道矣。岂以圣人而为之哉？朱子以《易》为卜筮之书，而所作《启蒙》，往往谬于《大传》，朱子且然，而况他乎？此余所以屡置之而不敢议也。昨著《正解》既竣，始挑其不与《易》应者数事，别《占法订误》一卷，以俟后之君子。"[1] 他认为后儒专以卜筮治《易》的解经方式并不可取，《左传》《国语》的卜筮之法无法证实是先王之法，所占之道亦非先王之道，而朱子以《易》为卜筮之书的解释方式容易陷入支离、繁复，与圣人之道背道而驰，故而作《占法订误》以匡正朱子象数易学与《易》相悖之处，恢复《易》之历史本真。

在程廷祚看来，象数、图书皆为《易》之义理内涵的外在表达，过度使用象数、图书的解《易》方式非但不能明晰经文意涵，反而容易陷入支离、繁复，致使义理不明。程廷祚的易学研究工作就是透过对象数易学、图书易学的检讨，祛除象数、图书带来的思想遮蔽及遮蔽背后解释倾向的形上性，回到《易》文本本身。如他所讲："孔子作《传》，深明观象玩辞之法……廷祚生乎二千余年之后，观群言之淆乱，始尝泛滥求之……自乾隆丙辰迄于庚申，五易寒暑著《易通》如千卷，乃尽去旧说之未安者，以求合于孔子之说，以上溯乎包牺、文王之意，而冀其万有一得。"[2] 其所著《易通》尽弃前儒牵强附会之说，力求合于周孔正学，所欲回归的不仅仅是回到经典文本，还要回到原初的经典之道，在此基础上提出了"以经解经"的解释原则，即以《易》之古经为文本依据进行解读，以求契合周孔本义。他在《易通》之《周易正解》卷首阐述其解《易》理路，曰："时有友人贻余书，诘余注《易》之始末。余报之曰：六经惟《易》为绝学，以后儒不知以经解经而自解也，且《诗》《书》孔子

---

[1] 《续修四库全书》编辑部. 续修四库全书：经部·易类 [M]. 上海：上海古籍出版社，2002：623.

[2] 《续修四库全书》编辑部. 续修四库全书：经部·易类 [M]. 上海：上海古籍出版社，2002：387.

不为作《传》,而于《易》作之,不欲遗后人以所难也。然则易道无由入,《十翼》其《易》之门乎？廷祚之于《易》,全体大例求之《系辞》,象爻之义求之象象二《传》,不敢自立一解,不敢漫用后儒一说。"❶ 此处程廷祚再次强调治《易》应"以经解经",切忌离经而言道,应以孔子《十翼》为解《易》门径,并世儒者晏斯盛也主张从《十翼》出发理解经文,因为《十翼》解释《易》最能体现其本义。❷ 程廷祚"以经解经"所据之"经"除了《易经》,还包括《系辞》《彖传》《象传》,除此之外尽弃后儒经说。汪学群指出程廷祚解《易》比例依据孔子《十翼》,因其"真正反映了《周易》的本质,是对《周易》经文的最好注脚"❸,故有"以经解经""以传解经"之说❹。此处"传"的引入说明了程廷祚对周孔之学倍加尊崇,作为解释性文本的《十翼》依经而生,传达、解说着经文的义理内涵,使文本精神得以有效的延续,凸显了文本的原初性和权威性。如果说"以经解经"是为了复明经所蕴含的内在义理,那么"以传解经"则是为了更深刻地理解经文意涵,把握文本原义及其内在精神。

那么如何透过文本经文把握圣人之道？程廷祚认为解《易》还需遵循文本解释体例,他依方苞所授编纂了六条解经体例❺,曰:"窃谓:善治经者,必以经解经,以经解经,宜求经之比例诸说。其即先生所谓'比例者'与'论以六条编书'。一曰正义,当乎经义

---

❶ 《续修四库全书》编辑部. 续修四库全书: 经部·易类[M]. 上海: 上海古籍出版社, 2002: 438.

❷ 汪学群认为晏斯盛与程廷祚曾多次切磋治《易》心得,治《易》思想上相互影响,二者关于不取传统释《易》体例及以经解经的观点非常类似。参见汪学群. 清代中期易学[M]. 北京: 社会科学文献出版社, 2009: 299-300.

❸ 汪学群. 清代中期易学[M]. 北京: 社会科学文献出版社, 2009: 337.

❹ 汪学群. 清代中期易学[M]. 北京: 社会科学文献出版社, 2009: 335-336.

❺ 程廷祚还与那个时代著名的考据学家方苞往来,并受不少影响。方苞任三礼义疏馆副总裁时曾编纂六条体例,以此作为群经旧注纂集之总例。程廷祚所编解经六例便是依此而定,由此可知二人往来密切。参见姜义华. 胡适学术文集·中国哲学史(下)[M]. 北京: 中华书局, 1991: 1202.

者,谓之正义,经义之当否,虽未敢定,而必择其近正者首列之,尊先儒也。二曰辨正,辨正者,前人有所异同,辨而得其正者也;今或正义阙如,而以纂书者所见补之,亦附于此条。三曰通论,所论在此而连类以及于彼,曰通论;今于旧说未协正义,而理可通者,亦入焉,故通有二义。四曰余论,一言之有当,而可资以发明,亦所录也。五曰存疑,六曰存异,理无两是,其非己见矣,恐人从而是之,则曰存疑;又其甚者,则曰存异。'"❶ 此外他还指出解经过程中把握易简、刚柔的重要性,曰"易简者,道之大原。"❷ "欲辨其是非莫如反而求《易》之要,《易》之要在于刚柔,八卦之所以然,六位之所以然,与卦象反对之所以然,卦体内外之所以然。"❸ 他认为辨析宋儒解《易》之是非离合在于把握《易》之要,而《易》之要在于易简、刚柔❹,把握《易》内在的义理内涵是解《易》的出发点,其中凸显的回到《易》文本本身这一治《易》路向既可以剥离象数、图书易学的遮蔽,又可以有效避免再次解释的主观性,这一解释原则奠定了程廷祚义理易学由文本探究义理的解释路向。此种解释路向既是对颜李学派尊信周孔正学传统的发扬,也是有清一代"回归原典"学术风尚的典范,研究旨趣呈现出"宜以我从经,而无强经以就我"❺的复古特质。

二、《易》与经世

程廷祚治《易》注重探究《易》所传达的先王之道,特别是

---

❶ 程廷祚. 大易择言[M]//影印文渊阁四库全书:第52册. 台北:台湾商务印书馆,1983:455-456.
❷ 程廷祚. 青溪集[M]. 合肥:黄山书社,2004:299.
❸ 《续修四库全书》编辑部. 续修四库全书:经部·易类[M]. 上海:上海古籍出版社,2002:388.
❹ 此处所讲"刚柔",诚如汪学群所述:"从某种意义上说'刚柔'是程廷祚释《易》的基本义例。"参见汪学群. 清代中期易学[M]. 北京:社会科学文献出版社,2009:339.
❺ 程廷祚. 大易择言[M]//影印文渊阁四库全书:第52册. 台北:台湾商务印书馆,1983:606-607.

《易》关注人伦日用的经世面向。如果说《易》是儒家学术思想的根源，那么经世致用便是其精髓所在。《易·文言传》曰："君子进德修业。"❶《易·系辞上》又曰："夫《易》，圣人所以崇德而广业也。"❷《易》本身包涵内外两个层面，崇德是其内在德性生命的自我安顿，广业是对外在社会人生的适切回应，君子不仅要安顿好内在德性生命，还要积极回应外在的社会人生，成就一番现实功业。程廷祚对《易》之经世传统有着独特的识见和设定，所谓"殊不知天生圣人以立人道，人道不外于性命日用"❸，真实反映了他对《易》经世意蕴的理解和态度。在他看来，圣人之道不外乎"性命日用"四字，圣人作《易》的真正用意是要经世济民，故曰："言卜筮而天下之道在其中，言天下之道而卜筮亦在其中，安在其不言卜筮，而遂远于日用之实也。"❹ 又曰："圣人所以崇德广业，而非仅为卜筮之书，职是故也。"❺ 程廷祚认为《易》是讲求内圣外王功业的践履之学，《易》最初以卜筮的方式切入人伦日用，圣人观天地万物之象而作《易》，开示人们在宇宙社会人生的视域下审视天地万物，以此指导人们在日常生活中趋吉避凶，崇德广业。他所要强调的是，作为《易》之外在表达方式的卜筮背后，更为重要的是本然存在的《易》之经世精神，此一经世精神通常透过现实的社会政治实践得以呈现。他进而指出《易》终究是人事之学的本来面向，曰："然则以《易》为高谈性命，《易》固未尝离人事而为言也。"❻ 在程廷祚看来，儒家之"道"恰恰存在于"事"中，存在于具体的人伦日用中。"事"是古圣先王平治天下和教化民众的具体体现，宋儒离"事"而求"道"，所得难免是"空"，他主张从"事"中求"道"，

---

❶ 唐明邦. 周易评注［M］. 北京：中华书局，1995：173.
❷ 唐明邦. 周易评注［M］. 北京：中华书局，1995：202.
❸ 程廷祚. 青溪集［M］. 合肥：黄山书社，2004：395.
❹ 《续修四库全书》编辑部. 续修四库全书：经部·易类［M］. 上海：上海古籍出版社，2002：392－393.
❺ 程廷祚. 青溪集［M］. 合肥：黄山书社，2004：350.
❻ 程廷祚. 青溪集［M］. 合肥：黄山书社，2004：350.

解《易》要与现实社会实践结合起来,回到《易》之经世传统,也就是回到最本然的"事"中。程廷祚关于人事之学的论述,一方面是为了彻底摒弃宋明儒者空谈心性的治《易》路径,另一方面则将《易》作为"人事之学"的原初立意呈现出来,将先王之道落实于人伦日用的实实在在的事物上面。

应当说,程廷祚对《易》为"人事之学"的理解与李塨一脉相承,李塨曾言:"《易》为人事而作也"❶,并于晚年悟道:"予弱冠受学于习斋先生,不言《易》,惟以人事为教。"❷他认为颜元虽不谈《易》,却在行动上践行人伦日用之学,这正是《易》之经世精神的现实体现。值得注意的是,在程廷祚之后的章学诚那里也有相似的言论主张,如"古人未尝离事而言理,六经皆先王之政典也。"❸戴震亦有"即事以求道"之说,他们一致认为"道"或"理"活泼泼地存在于现实的社会生活中,他们对形而下的"事"或人伦日用的强调代表了清代学术风向中注重学政合一的经世路向,这与宋儒注重图书、象数而疏忽现实实践的治《易》路向极为不同,理学家以体悟天理最为切要,因而《易》之经世开拓的一面难以被积极呈现。❹程廷祚批评宋儒未能体察圣人作《易》的真实用意,解《易》一味偏向内在德性层面,疏离了《易》开物成务的事功层面,曰:"苟以其说为可悦,即涉于谬悠,入于支离,而不自知其害道耶!"❺指斥宋儒空谈心性的解经态度必定陷入幽渺玄妙、支离繁

---

❶ 戴望. 颜氏学记 [M]. 北京:中华书局,1958:166.
❷ 戴望. 颜氏学记 [M]. 北京:中华书局,1958:167.
❸ 章学诚著,叶瑛校注. 文史通义校注 [M]. 北京:中华书局,2000:1.
❹ 关于清儒由形上到形下世界的转变,王汎森指出:"清代思想学问有一个特色是'去形上化',将宋明理学所构建的形上世界尽量地摆落,而在构建形上世界的过程中,《易经》的图书象数扮演一个重要的角色,它们使得现实生活世界之上更有一个形上世界,形下/形上、后天/先天等两层式的思维,皆或多或少与此有关。而去形上化的另一层意义即是对日常生活世界的肯认(the affirmation of everyday life world)。"见王汎森. 权力的毛细管作用:清代的思想、学术与心态:修订版 [M]. 北京:北京大学出版社,2015:496-497.
❺ 程廷祚. 青溪集 [M]. 合肥:黄山书社,2004:147.

复,最终后果便是"《易》几为天下裂"❶。他指出宋儒主静之学的危害尤为深重,曰:"周、邵之学,至考亭(朱熹)而笃信,发明之不遗余力,故奉主静以为学宗,而又以静为纯坤。夫纯坤则偏阴也,岂有天命之大原而出于偏阴者乎?……道莫大于阴顺乎阳,有得于此,则人心听于道心,小人听于君子,身修家齐,而国与天下无不治且平者。今以偏阴纯阳为学之宗,则道统治法、人心世运交受其累,不可胜言,其误岂止于王、韩云尔乎?经所谓乾坤毁而《易》不可见者,盖谓此也。"❷ 主静之学属偏阴之学,与天道本原出于纯阳的《易》理恰恰相左,其害危及道统治法、人心世运,甚而导致《易》道不彰。程廷祚对宋学的省思不仅使其体会到道统不明的内在学理成因,也使其更加坚持人伦日用中求道的切实浅近的经世路向。《颜氏学记》记载其"以博文约礼为进德居业之功,以修己治人为格物致知之要,礼乐兵农、天文舆地、食货河渠之事,莫不穷委探原,旁及六通四辟之书,得其所与吾儒异者而详辩之。盖先生之学以习斋为主,而参以梨洲、亭林,故其读书极博,而皆归于实用。"❸ 有清一代,自顾炎武提出"以经学济理学之穷",颜元高倡"六艺之学",程廷祚力主"人事之学",及至戴震"道在六经",儒者们的经世主张形成了从思想到实践的一以贯之。程廷祚学承颜元、黄宗羲、顾亭林,其学以实用为宗,在清代由虚入实的学术转向中,即便不出如程廷祚之流,也无妨其著述表达治平之略。

程廷祚治《易》的经世路向有其特定的思想根源,源自其"自天地而下一气而已"的气一元论,如其所言:"自天地而下,一气而已。吾见夫天地之始也,见夫天地之化之日出而不穷也,见夫万物之生死消长也,无非气者。天地之始于一交,气之动也;自一交以至于万变,气之盛也;由万变以复归于无有,气之尽也。向使无此气,则乾坤何以奠日月?何以明山?何以峙水?何以流万物?何以

---

❶ 程廷祚. 青溪集 [M]. 合肥:黄山书社,2004:147.
❷ 程廷祚. 青溪集 [M]. 合肥:黄山书社,2004:388.
❸ 程廷祚. 青溪集 [M]. 合肥:黄山书社,2004:408.

蕃辨?……太极亦气也。"❶ 他认为宇宙间皆气,天地肇始,万物化生,生死消长,皆一气为之。又言:"今夫天地之间,飞者、走者、跂行啄息者、植者、顽者,皆禀一气以生成。"❷ 还言:"人之有是心也,本一气之精英,自天地之交感摩荡而出。"❸ 天地万物是由阴阳二气交感而生,日月交替,四时运行,也是一气之变化日新,日月、山河、万物以至于人,其本原皆为一气之化。程朱则以为天地万物肇始于太极,"太极即理","理"被衍生为可以化生天地万物的超验性存在。程廷祚对程朱的批驳比较彻底,认为太极是气不是理,曰:"然则所谓太极者,亦可谓之气乎?曰:太极亦气也。《易》有太极,是生两仪。天地之间,惟气能生物,而谓理能生两仪,可乎?然则性亦可谓之气乎?曰:天地之间所以成像成形者,莫非气之所为。而气之精英,则最灵而最秀。"❹ 在程廷祚那里,不仅太极是气,性亦是气,天地之间成像成形者皆源于气,气之外无理、无性、无道,如此一来,气被提升到化生天地万物的本原地位。

程廷祚在气一元论的宇宙视域下,确立了注重人事之学的经世易学,呈现出异于宋明易学的鲜明的经世路向,思维方式上表现出由气而求道、由事而求道的经验性、实证性的倾向,治《易》路向亦由宋儒心性之学的形而上的致思倾向转向实事实功的形而下的经世路向。

三、时中

在具体的社会政治实践的体道过程中,程廷祚特别强调"时中"在其间的重要性,此种通晓如何变通趋时、合其时位的应变智慧源自《周易》的"时中"观念。"时中"一词最早见于"蒙"卦《象

---

❶ 程廷祚. 青溪集 [M]. 合肥:黄山书社,2004:168.
❷ 程廷祚. 青溪集 [M]. 合肥:黄山书社,2004:167.
❸ 程廷祚. 青溪集 [M]. 合肥:黄山书社,2004:173.
❹ 程廷祚. 青溪集 [M]. 合肥:黄山书社,2004:168–169.

传》曰:"蒙,亨。以亨行时中也。"❶ 告诫人们要根据特定的时遇情势做出适切的变通,方能亨通畅达。《易·系辞下传》曰:"君子藏器于身,待时而动,何不利之有?"❷ 是说君子平时积蓄力量,韬光养晦,等待合适的时机施展才能。惠栋认为"时中"是《周易》思想的核心,❸ 程廷祚亦有此论,曰:"时者,天之则也,《易》之道无往而非时。"❹ 天地万物生生不息,展现于每一特定的"时"下,并在每一特定的"时"下潜蕴未来可能的流变趋向,"亦正因此,作为大《易》'易'字第一义的变易、生生,其与时即系密不可分的了。即变易、生生乃是发生于时中、具现于时中的,并且是具有鲜明的时性的,离开了时,所谓变易,所谓生生,就会成为不可能。"❺ "时中"最初主要体现在早期的筮占活动中,古人透过神妙的筮占活动生成卦爻象、卦爻辞,借此参详其中蕴含的时遇与未来可能的动变趋向,并据此时遇、动变趋向做出趋吉避凶的适切回应,所谓"时中"便是其中的应有之义,是指顺应天地万物的流变不息而变通趋时的处世之道,强调与时偕行,顺时而动。"时中"的另一层含义则指中正之道,主要体现在卦爻象时、位的致中倾向上,卦爻象中判断未来流变趋势的重要依据是处于中位的二五之爻,爻位是否处中得当决定了未来可能的吉凶状态,如虞翻解《观》卦九五爻有"五得道处中,故君子无咎也"之说,意谓只有处其"位"得其"时",才能恰如其分地把握卦爻透显的吉凶趋向,从而趋吉避凶,得利得亨。不论是从变通趋时,还是从时位之道来讲,能否做到"时中"是得道与否的决定性因素,即如程廷祚所言:"动静不

---

❶ 唐明邦. 周易评注 [M]. 北京:中华书局,1995:13.
❷ 唐明邦. 周易评注 [M]. 北京:中华书局,1995:237.
❸ 惠栋曾指出"时中"的核心地位,曰:"易道深矣!一言以蔽之,曰:时中。"见惠栋. 易汉学·易尚时中说 [M]. 上海:上海古籍出版社,1990:62.
❹ 《续修四库全书》编辑部. 续修四库全书:经部·易类 [M]. 上海:上海古籍出版社,2002:662.
❺ 王新春. 神妙的周易智慧 [M]. 北京:中国书店,2004:266.

失其时，其道光明，天德也。"❶ "时中"取向成为彰显圣道、贯通天人的有效路径。

程廷祚还从"人事之学"的实践维度出发，阐释了"时中"之于人道实践的重要性："《中庸》曰：'君子而时中。'中者，天命之本体，即《易》之所谓刚中也。圣人默契于此，而无时不然，故曰'时中'。若大贤以下，能从事于人道者，俱得谓之君子，而不得谓之'时中'。晦庵以'时中'为'随时处中'，则止见事物有中，而不见天命有中矣，圣人惟能存天命之中，所以能处事物之中。大贤以下于事物不能皆得其中正，以此心不能'时中'也。'随时处中'自属庸字之解。"❷ 程廷祚认为《中庸》所讲的"中"便是《易》之所谓"刚中"，并将"中"提升到天命本体的地位，他批评朱子以"随时处中"释"时中"，指其只见事物有中而忽视了天命有中，圣人之所以能"时中"便是因其通晓天命之"中"且无时不得，大贤以下得人道而不得"中正"者不能称其"时中"，而只能称其君子。程廷祚还对"中正"做出进一步的解读，曰："中正谓之天德，而后于物无不统，于柔无不化内圣外王之业，备于此矣。"❸ 他将"中正"视作天德，得"中正"即可彰显天德，挺立人道，达成内圣外王之功业，如是便把成就内圣外王之功业落实到日用伦常的"时中"上面。此处程廷祚将"时中"视作圣贤道德理想的践行准则，强调修齐治平的弘道实践中顺时而动的重要性，"时中"被赋予更多道德践履准则的意义，具有在社会政治实践中实现秩序安排的社会功能。"时中"取向折射出的道德规范意味，不仅反映了程廷祚对"时中"不离人伦日用、不离社会政事的现实解读，还彰显了清中期易学重视礼治社会秩序的新气象。

---

❶ 《续修四库全书》编辑部. 续修四库全书：经部·易类 [M]. 上海：上海古籍出版社，2002：662.

❷ 《续修四库全书》编辑部. 续修四库全书：经部·易类 [M]. 上海：上海古籍出版社，2002：620－621.

❸ 程廷祚. 青溪集 [M]. 合肥：黄山书社，2004：350.

"时"具有宇宙社会人生当下时遇动态展现的特定性,此种动态流变注定了当下状态蕴含着未来状态的多种可能性,会随天地万物的变化而变化,甚或由吉转凶或由凶转吉,吉凶状态的不确定性警示人们时刻怀着忧患意识,人们不仅要依据当下时遇所揭示的吉凶趋向做出趋吉避凶的回应,还要随时警惕并防范可能发生的由吉转凶的动变。《既济》卦辞曰:"亨。小利贞。初吉,终乱。"❶ 是说即便当下时刻亨通顺利,如稍有不慎,亦可能陷入混乱。《既济》卦六四爻辞曰:"繻有衣袽,终日戒。"❷ 是说趋利避害的关键在于防患于未然,如果预先积蓄力量,进德修业,待时而动,那么即便遭遇凶险之几,也能适时地逢凶化吉。即便身处逆境,更应因时制宜,守时而动,这一点从程廷祚的自身经历可以印证,他在不同时期对待颜李学派态度的先后差异,正是在现实社会人生中践行"时中"精神的具体表征,他将"时中"融入个人的生命经验,并具体展现于现实生活中的道德实践。康熙五十九年(1720),程廷祚在李塨南游期间曾问学求道,读《存学编》后盛赞颜元:"古之害道,出于儒之外;今之害道,出于儒之中。习斋先生崛起燕赵,当四海倡和、翕然同风之日,乃能折衷至当,而有以斥其非,五百年间一人而已。"❸ 从此之后程廷祚确守颜学,力摒异说,并以再传弟子身份在江南一带弘扬颜李学。及至雍正七年(1729),清廷思想高压统治愈演愈烈,通过功名利诱与文字狱等思想统治方式迫使学者尊奉程朱,谢济世因注疏《大学》《中庸》毁谤程朱而获罪,诋斥程朱官学已有身家性命之虞,这对与程朱相峙的颜学阵营中的程廷祚而言,不

---

❶ 唐明邦. 周易评注 [M]. 北京:中华书局,1995:166.
❷ 唐明邦. 周易评注 [M]. 北京:中华书局,1995:166.
❸ 程廷祚. 青溪集 [M]. 合肥:黄山书社,2004:410.

可能感受不到政治形势之严峻。❶ 他意识到不能再公开弘扬颜李学，亦不能再公然指斥程朱学，而只能在"解经之是非离合"方面有所议论，否则会被施以诋毁程朱官学之罪，种种畏忌、惧怕使其对颜李的态度有所游移，在其雍正丙午年（1726）至丁未年（1727）赴京应顺天乡试期间，竟不曾去蠡县拜访李塨。他曾向颜学信徒解释其对外不敢公然以颜李身份示人的缘由："承反复于某不以颜、李之书示人，其故有可得而言者。盖学者束缚于功令，而习见之蔽锢于其中也，非一日矣。某弱冠得读二家之书，壮岁晤刚主先生于白门，往复议论。未几，游京师，而当代名儒即有疑其以共诋程、朱相唱和者……然而闻共诋程、朱之说，不可不为大惧也。某之惧，非敢不自立而甘于徇俗也。《易》称时义之大，故君子时然后言，《论语》又曰：'知者不失人，亦不失言'。当举世未能信从之日，而强聒不舍，必有加以而害其道者，不可之大者也；当举世未能信从之日，忽有闻而爱慕之者，而亦不与之言，是咎在失人，而坐视其道之终晦，亦不可也。凡某之不敢轻于有言，皆为道谋，而非计一身之利害也。"❷ 他坦言对待颜学态度上的遮掩退缩实为清廷严酷时局使然的权宜之策，其态度转折起因于赴京拜访方苞时被疑与颜李"共诋程朱"❸，他惧怕因言而遭身家之虞，同时他尊信《易》之时义之大的理念，以为暂时的时措之举是为了今后更好地保存颜学并延续道统。倘若说颜李学派是清初正本清源的一股激流，程廷祚则是时运转换下的潜流暗动，待时而发，虽然颜李学最终归于消寂，亦不得不承认程廷祚延续颜李学的本意及暗中的诸多努力。

---

❶ 程廷祚曾遭遇一次政治风险，李塨门生刘著游金陵时馆于程廷祚家，因被顾爆诬告私藏《方舆纪要》而遭官兵搜捕入狱，几至刑戮。"著既得释，更名湘煃。湘煃以乾隆丙辰还楚，客江南九载，而为爆困前后七年，父死家破，几至刑戮，而卒丧其书，人皆怜之。"参见程廷祚．青溪集［M］．合肥：黄山书社，2004：332－333，410. 这一事件也侧面反映了程廷祚与颜李后学保持往来。

❷ 程廷祚．青溪集［M］．合肥：黄山书社，2004：392－393.

❸ 胡适认为程廷祚文中所指"当代名儒"为方苞，是时方苞写就《与李刚主书》中有"凡极诋朱子者，多绝世不祀"之言，此言令程廷祚望而生畏。详见姜义华．胡适学术文集·中国哲学史：下册［M］．北京：中华书局，1991：1200－1201.

四、结语

程廷祚治《易》从宋儒解经之误切入，主张还原《易》之本来面目和本义，注重人事之学的现实社会实践，在现实社会的时运世运中，看待宇宙社会人生具有适时而谋的眼光，对《易》的解读不乏充斥着复明道统的政治想象与治世诉求，将儒家政治理想具体化为日常生活实践，所揭示的《易》之切实浅近的经世路向，不仅是对宋明空疏学风的克服与超越，与同时期考据易学相比也显示出不同寻常之处。程廷祚强调回归《易》文本本身不是简单的复古，而是通过"人事之学"的践道方式，将洁净精微的天道落实于现实生活世界的人伦日用，其中凸显的道德践履的实践性实为程廷祚易学与宋明易学路向迥异的关键之处，由此引出的儒学形态从宋明易学的形而上的道德性命之学转向经世易学的形而下的实践实用之学，❶由虚玄之学回归原始儒家的经世之学，关照日常生活世界的人伦规范，展现了清代易学研究的新气象，在清代易学史和思想史上具有别开生面的特殊地位。

参考文献

[1] 〔清〕戴望. 颜氏学记 [M]. 北京：中华书局，1958.

[2] 〔清〕程廷祚. 大易择言 [M] //影印文渊阁四库全书：第52册. 台北：台湾商务印书馆，1983.

[3] 〔清〕李塨. 恕谷后集 [M]. 北京：中华书局，1985.

[4] 〔清〕颜元. 颜元集 [M]. 北京：中华书局，1987.

[5] 林庆彰. 明末清初经学研究的回归原典运动 [J]. 孔子研究，1989（2）：109.

---

❶ 此处所谓"形而上"是指宋明儒者一味追求形上空疏之学的致思倾向，事实上，程廷祚并非不谈天道，而是不好谈形而上的天道，他更关注形而下的人道践履，注重日用伦常。曾曰："圣人之教天下，本于忧患，以立人道者，其要如此，《易》之用从可识矣。"见《续修四库全书》编辑部. 续修四库全书：经部·易类 [M]. 上海：上海古籍出版社，2002：580.

[6]〔清〕惠栋. 易汉学·易尚时中说［M］. 上海：上海古籍出版社，1990.

[7] 姜义华. 胡适学术文集·中国哲学史：下册［M］. 北京：中华书局，1991.

[8] 唐明邦. 周易评注［M］. 北京：中华书局，1995.

[9]〔清〕章学诚著，叶瑛校注. 文史通义校注［M］. 北京：中华书局，2000.

[10]〔清〕《续修四库全书》编辑部. 续修四库全书：经部·易类［M］. 上海：上海古籍出版社，2002.

[11] 胡适. 戴东原的哲学［M］. 合肥：安徽教育出版社，2003.

[12]〔清〕程廷祚. 青溪集［M］. 合肥：黄山书社，2004.

[13] 王新春. 神妙的周易智慧［M］. 北京：中国书店，2004.

[14] 汪学群. 清代中期易学［M］. 北京：社会科学文献出版社，2009.

[15] 康全诚，张忠智. 程廷祚《易》学思想探微［J］. 远东通识学报，2011，5（2）：1-18.

[16] 杨自平. 程廷祚"以经解经"的释《易》实践与易简哲学［J］. 清华学报，2013（2）：217-254.

[17] 王汎森. 权力的毛细管作用：清代的思想、学术与心态：修订版［M］. 北京：北京大学出版社，2015.

（作者系北京东方道德研究所副研究员）

社会学

青年文化研究的现状与反思

杨 晶

摘　要：随着社会历史及文化的变迁，青年研究的文化阐释视角应运而生。通过追索青年研究的历史脉络和现状分析，勘察出青年文化主体性研究处于边缘位置，青年研究的文化阐释多处于西方理论的套嵌研究中，国内的青年亚文化研究成为介入青年研究的主要方式，真正的青年文化研究在整体青年研究中严重比例失调。随着研究的不断深入，对于青年文化研究元问题追问愈加迫切。剖析整体现状背后的缘由，将为青年文化研究提供一条学理性反思的路径，期待引起学界和研究者的重视。

关键词：青年文化　亚文化　现状与反思

随着历史及社会文化的变迁，在研究领域，"青年文化研究"的理论和实践也随之聚合、发展、转型，成果蔚为大观，成为时下社会主要的文化现象之一。目前，学界普遍认为，青年文化研究既包括对青年群体采用文化研究方式进行的研究，强调文化研究作为方法论，其最终指向为文化研究；也包括对于青年文化这一对象的整体研究，强调青年文化作为研究对象，其最终指向为青年研究。应该说，青年文化研究的定义域是文化研究和青年研究的交集，又因青年与文化的天然联系而形成了复杂的关联。青年亚文化研究是青年文化研究的重要组成部分，青年亚文化以"抵抗性""风格化""边缘性"为主要特征，却又时刻面临着主导文化的"整合"与"收编"而处于"飘浮状态"，因其与主流文化大相径庭的风格，给主流文化带来强烈的冲击和活力。伯明翰学派的青年亚文化理论，因关注边缘话语和权力之间的复杂关系，而成为亚文化理论的里程碑。综观近年来的青年文化研究整体风貌，可以看出，研究成果中的现象罗列繁多、概念套用层出不穷，青年文化研究自说自话；青年文化研究的社会功能渐趋衰微，现实中的真问题存在种种，但没有拿出切实的解决办法。青年亚文化研究虽然备受欢迎，但对现实的关照和回应却处于弱化状态。凡此种种现象，皆因以青年为主体的文化研究被边缘化，并在对青年现实世界的关照中缺席。从学术研究的本质及逻辑体系来看，廓清"青年文化研究"的范畴、析出意义、积极回应青年发展的现实诉求，是我们所面临的主要问题和当务之急。

一、青年研究的文化阐释

（一）青年研究的历时态流变

在西方理论界，青年文化的理论来源大致分为功能主义、冲突理论、符号互动主义理论等。代际理论是功能主义理论的一部分，阶层理论是冲突理论的一部分，符号互动理论以贝克尔的标签理论、戈尔曼的编剧理论为主等。学界多以代际理论和阶层理论阐释青年问题。经过学术界的研究实践发现，"代际理论作为分析青年文化的理论立场和分析路径，存在着'可能夸大世代现象''可能夸大代际差异和冲突'、忽视青年群体的内部差异性等问题"[1]。代际理论的主要代表性人物是卡尔·曼海姆，以及功能主义学派的帕森斯·艾森斯塔德和科尔曼。

阶层理论则重视社会的结构和阶层对青年文化的影响，这种理论多取自于葛兰西文化结构理论和布迪厄的场域理论，该理论注重

---

[1] 陈映芳. 在角色与非角色之间：中国的青年文化 [M]. 南京：江苏人民出版社，2002：36，42.

阶级或阶层背景、教育背景、地域、性别、种族等方面的差异。以此为依据把青年文化分为亚文化、认同文化、负文化等。

在中国，青年文化概念的提出和研究，是随着青年研究的深入和中国知识界文化研究热兴起而提出的一个新课题。20世纪80年代初期，部分学者从社会文化学、文化哲学角度提出问题，并从阶层身份考察青年文化，引起了广泛关注，青年文化也因其与青年的天然内在联系，而被视作了解青年的最佳途径，得到了重视。90年代，众多的社会问题取代青年问题成为当时的焦点，但青年文化研究却在青年群体研究中沉淀累积。通过以"青年研究"为关键词检索中国知网发现，以《青年研究》为代表的国内青年研究领域权威刊物中，青年群体的文化研究或青年群体文化阐释方面的论文甚众，而社会学阐释和文化研究则成为青年研究的主要范式。青年文化研究成果的不断涌现，也引申出这样的追问：青年文化研究与社会历史文化达成一致的沟通点在哪里？方法论与学科本源问题的一致性体现在哪里？这将成为探究青年群体文化阐释的一种可能性路径。

（二）青年文化研究的可能性

青年文化呈现为主流文化之间的对话与差异的逻辑统一，并在日常生活领域中生成，青年文化与主流文化在差异中保持活力并实现对话，完成了青年文化的二次建构。青年文化集中表现了青年群体，特别是青年学生的生活态度、理想追求、价值观念、行为方式等方面的现状，是社会文化本质的敏锐反映，推动着社会主流文化的发展和变迁。加强青年文化的研究，不但有利于深化对政治、经济、社会及文化等各方面社会存在的认识和理解，也有利于把握青年群体在社会文化结构中的特殊位置，进而调整各种社会关系。

青年文化的社会性表征，使青年在表达自己的同时，也完成了自我被社会认识的过程。在高度市场化的社会里，以消遣与娱乐为主导的青年文化问题更是社会问题，青年问题以文化研究介入不仅从解释上推动问题，更在于一直让现实与理论充满复杂化的张力，并通过这种张力去介入和再造青年群体的文化问题。因此，文化研究往往最后要渗入到一些介入性的社会运动研究中去，这种与社会实践相生相随的研究特征，也是文化研究介入青年研究的一大优势。

青年群体中有一类是城市青年群体，他们是消费符号的群体，研究呈现为以下多元化形式：青少年日常文化；媒介与青少年文化；阶级、性别、民族的交叉性研究；青年亚文化研究；消费主义与当代青年文化；文化与新阶级（阶层）的形成等。

青年群体中还有一类群体就是打工青年，外出打工造成一些新问题，如存在一些婚恋失序状态，城市物欲消费影响渗透农村问题。在农村中青年人需要关注自己的责任，并在社会关注中超越狭隘的自我关注以达到升华。这一青年群体需要一种更具文化意味和精神追求色彩的文化生存方式。加强草根生活实践与文化研究互动，从而在现实层面推动青年群体的发展。

我们期待解读一种青年群体的新的方式。可以开展一些当今主流生活方式青年群体的消费和实践。文化研究的核心是对一种符号呈现形态的文化的内在矛盾性进行分析，尤其关注那些被主流文化形态战线所掩盖，遮蔽或欺骗的一些群体的文化诉求和符号创造力。青年文化和青年亚文化正是被掩盖、遮蔽的一部分，要促成这些被遮蔽群体的文化创造形式的解放和释放，让青年文化和青年亚文化获得与压迫性文化形式进行博弈的更多力量。

文化研究以提问和介入的独特方式和青年文化实践产生互动。文化研究如何向青年群体提问题，如何与现实矛盾互动等事件指向就有了直接相关性。这种问题一般指理论实践与现实境遇的直接碰撞，以及这种碰撞所造成的新问题的提问处境和提问方式。青年研究以文化研究方式解读，是一种独特的问题架构。

二、青年文化研究的现状

(一) 青年亚文化研究成为青年文化研究的主要方式

国内的青年文化研究成果中，对青年亚文化理论来源、文化研究与伯明翰学派之间关系阐释方面的论文，在文化研究论文中的比重极大。以2010—2016年中国知网（CNKI）五大资源库中（期刊、学术辑刊、报纸、国内外会议、硕博士学位论文）为范围进行检索，发现以"青年亚文化"或"青年亚文化研究"为主题词的记录共339条，如当前热门的"亚文化与审美、影视与亚文化、当代流行电影、流行音乐、伯明翰学派文化"等相关的文献正与日俱增，学界尤其热衷于对于亚文化本土化问题的探讨。

当代研究者对于青年文化理论性研究多以亚文化研究为主，青年文化研究者大多从亚文化理论入手，对于伯明翰学派理论译介，对细化的青年亚文化现象研究进行分析和探究。但对于亚文化现象的研究也多是以国外的青年亚文化理论推移嫁接，使亚文化理论先行，造成青年文化实践研究滞后于亚文化理论的情形。这样致使青年亚文化的研究更多带有理论硬套实践的情形。

中国的青年文化在新媒介语境中已经渐成气候，中国青年文化研究也随着互联网的盛行而形成了分水岭。20世纪70年代至90年代，还没有形成互联网时代，这一时期的中国本土青年文化研究主要倾向于青年伯明翰学派亚文化理论的引入，青年文化现象的具体阐释和本土化应用。但在80年代青年亚文化理论的具体应用上，存在着缺少"从青年亚文化自身组织结构与社会结构的关系，从青年亚文化内部的互动，从青年亚文化实践主体的身份认同等方面的剖析中揭示其意义或价值"[1]。致使青年文化现象研究呈现为大背景下

---

[1] 陈霖. 前互联网时代青年亚文化的理论译介与本土研究[J]. 青年探索, 2011 (4): 12-18.

的小叙事，部分研究流于浅表。

随着全球传播网络的激增和媒介信息流动的加剧，文化趋势融合更加明显，青年亚文化发展进程逐步加快，亚文化逐渐成为当代青年的生活方式之一。学界对互联网时代的青年亚文化有不同的阐释，有的研究者认为，"研究采用的理论话语局限于英国伯明翰学派的青年亚文化理论，表现出单一、僵化、整体上明显滞后于网络青年亚文化个体和群体实践的窘境"❶。事实上，学界的研究多普遍注重宏大的社会和文化现象，却未能真正地从青年亚文化与社会结构的互动、青年亚文化对主导文化的冲击为切入点剖析青年亚文化的实践意义，造成当下青年文化亚文化研究在国内"水土不服"。

面对网络化时代大潮的来临，青年亚文化呈现出蓬勃发展和恣意生长之势。自2009年以来，随着研究者的学术性和学理性的增强，青年亚文化的研究风生水起，逐渐引起青年研究学界的注意和重视，由于青年学者自身的学养不足和伯明翰学派的中国本土化的问题，青年亚文化研究虽呈现出较为强劲的发展势头，但因元问题的界定模糊和研究者的理论视阈局限，对青年文化问题短视，造成青年文化研究和青年亚文化研究混淆不清的问题。

（二）以文化视角介入城市务工和农民工群体研究严重缺席

中国特色的农民工文化，使马克思主义理论在中国所面临前所未有的阐释困境。青年文化研究对象中城市务工人口和农民工人口是一个庞大的群体，也是中国特色青年文化研究所在。面对着生活实践中的庞大农民工群体，青年文化研究理论表现出阐释的困境和失语。青年文化研究对于城市青少年文化和流行文化重视有余，对于城市务工人口与农民工人口关注不足。造成探究青年文化研究就是青年流行文化和城市青少年文化的研究，使真正反映整体青年文

---

❶ 马中红. 国内网络青年亚文化研究现状及反思 [J]. 青年探索，2011 (4)：5—11.

化研究现象得不到重视，而导致当下青年文化研究只是流于表面的泛泛而谈，甚至以点带面，以局部代替整体，以时尚流行代替根本的学术研究，使真正的中国特色的青年文化研究处于边缘缺席的位置。

据社会调查显示，中国农村户籍人口占据13亿总数的9亿，这一庞大的社会群体是社会稳定持续发展的主要力量，对于这一社会群体的文化层面的研究关乎社会、文化、经济、国计民生等，同时对于这样的一个社会群体的文化层面的关注和研究是社会持久、稳定、有效的强心剂。当下的农民工文化研究也是当代青年研究所面临的一个困境和无法回避的重要问题。但即使有研究者对此进行了社会调查和实证的方法研究，这些研究多为针对国家政策的出台的研究，引用的均为政策性文件的辅助性参考资料。而政策性研究与人文社会科学研究的社会实效性有着很大的差别，致使这一群体对文化现象的整体学术研究出现长期空白点。

现有的中国知网检索分析，输入主题"农民工""青年文化"，共210条。输入主题"农民工""文化"，共6730条，发现以社会学的视角介入青年研究，多以公共服务、权益保障、社会融合、村落文化结构与重构。以文化视角、文化驱动、精神视角、文化需求和文化视角介入的不多。其中，有关青年、文化与阶级、新生代农民工等在文化维度的研究，多为评述青年新生代农民工在文化生产研究方面的不足。目前，中国学术界的当代中国新生代农民工研究，主要有两种范式，其中，"阶级形成"范式强调这一群体的阶级的形成；"市民化"范式强调在城乡二元文化对立中，新生代农民工群体对城市文化的融入。"市民化"范式的研究主要应用西方"文化适应"理论。1936年，人类学者罗伯特·雷德菲尔德（Robert Redfield）、拉夫尔·林顿（Ralph Linton）和梅尔维尔·郝斯科维茨（Melville Herskovits）给出了文化适应定义，即"由个体所组成，且具有不同文化的群体之间发生持续的、直接的文化接触，导致一方或双方原有的文化模式发生改变的现象"❶。在中国，随着改革开放以来经济的持续增长，农民工这一特殊群体的自身结构也发生了变化，"80后"由于自身的特殊性，作为主体的农民工群体，他们身上有很深的城市文化烙印，返乡的过程中时常会伴随乡村文化和城市文化相互碰撞、交融，需要一个文化适应的周期。如有论者曾考察"农民工如何转换不适应城市和社会现代化与后现代化的农村文化心理和行为特征，如何消除由于城乡生产或生活方式及适应它们的文化心理差异，消除原有的不适应城市和社会变化的文化心理和行为，消除城市适应的文化心理障碍等"❷。

在一些较有代表性的研究中，对于新生代农民工在精神文化生活方面的现状、需求和问题进行了分析研究，对维护文化权益、建设公共文化、促进社会融入和人力资源发展等方面提出了对策，就现实具体问题进行了分析。但是这些研究是延承社会学的研究范式，关注精神文化内质的文化研究寥寥可数，不能解决精神文化生活贫乏困顿所带来的社会问题。而农民工的精神文化问题是解决农民工其他问题的稳定持久的关键点。只注重农民工问题的社会学考察和实效性政策出台，造成农民工问题人文性学术研究缺失，真正的农民工青年文化问题得不到解决，造成现实性的遮蔽和短视。网络社会时代的到来，我们期待能有更好的契合点，带动农民工社会学研究和农民工文化研究的融合发展。

（三）青年文化研究在整体青年研究中所占比重不足

风笑天对1982—2011年30年间国内最具代表性的4种青年刊物中的2408篇论文进行了统计分析，结果显示："在研究对象上，大学生和青少年所占比重最大，而各类在职青年所占的比例都比较小；

---

❶ 范莉娜，李秋成，周玲强. 民族旅游地居民分类与支持行为：基于文化适应理论的视角 [J]. 浙江大学学报（人文社会科学版），2017，47（1）：170-180.

❷ 李炳全，张旭东. 农民工城市适应的文化心理障碍探析——兼论城乡文化心理的差异及其根源 [J]. 江苏师范大学学报（哲学社会科学版），2015，41（1）：153-158.

在研究主题上,就业与职业、思想观念、教育与成才、失范行为、婚恋与家庭这5个方面的研究最为集中,其比例达到全部研究的60%"❶。可以说,在2011年以前,青年文化研究在对象覆盖面、方法多元化及研究的深度与广度上,远未达到青年文化研究的时代要求,青年文化研究处于青年研究的边缘。

在2011年之后,青年文化研究在整体青年研究中的比重开始逐步上升。2010—2016年,通过中国知网搜索主题词"青年文化研究",发现2011—2015年的青年文化研究文章数量分别为233篇、306篇、302篇、326篇、329篇,出现了同步上升趋势。频繁出现青年亚文化的本土研究及新媒介与青年亚文化研究,小时代、"屌丝文化"、网络流行语、新都市电影、青年文化与消费主义等关键词频频出现。

随着社会分工逐渐细化和复杂化,消费和人文成为社会的重要主题,青年文化研究成为社会历史文化变迁主要问题,青年文化现象蜂拥而至,青年文化研究逐步成长,但由于真问题的缺乏,造成诸多现象堆叠,研究成果无效,真正的社会问题不能得到解决,青年文化研究在整体青年研究中的比例失调,在社会文化边缘渐行渐远,与社会现状严重不符。

三、青年文化研究的反思

(一)青年文化研究者的学术素养和责任感需与当前社会文化语境相适应

研究者对于研究对象的客观科学的设定是研究者必备的素质和基础,也是研究者深具社会责任感的社会道德情怀。青年文化学科的无界定导致研究的泛化和流于肤浅,凡是与"青年文化"四字有关的研究都认定为青年文化研究,造成研究对象和研究本身的混淆

---

❶ 风笑天. 三十年来我国青年研究的对象、主题与方法——对四种青年期刊2408篇论文的内容分析[J]. 青年研究, 2012 (5): 54-63, 95-96.

性。而这种问题意味着研究者本身和研究对象的随意性,这样的恶性循环只会带来青年文化研究的日渐消弭。对于青年文化研究定位不够,造成局部代替整体研究的现象。以青年问题、青年现象代替青年文化专业性的研究。例如,用青春文化的现象来代替青年文化研究。对于青年主体性本身关注较少,对于青春文化现象认识较多。研究对象的层出不穷,造成青年文化研究真问题普遍失语。还有,当下的青年流行文化研究占据了青年文化研究的一部分,青年流行文化研究多以个案、点片段形式出现,造成研究的碎片化趋势,缺乏整体性。检索青年流行文化的信息,在中国知网(CNKI)的学术辑刊、报纸、国内外会议、硕博士学位论文4大资源库中,以2011—2016年为时间域,以"青年流行文化"为主题,获得了76条相关消息,其中主要探讨青年流行文化的发展、现象、反思及与之相关的网络流行文化研究等。检索表明,这一研究多套用西方理论,简单西方理论加例子论证的方法,出现了研究方式僵化和水土不服的现象。

  任何一种研究都与社会历史变迁息息相关,青年文化研究也不例外。社会发展使文化的社会重要性凸显,青年文化研究浮出历史地表。中国特色当代农民工文化、青年亚文化、流行文化成为青年文化研究不可分割的一部分。中国农民工文化研究的缺失,一方面是研究者多操持社会学的范式,另一方面研究多为干预性研究,属于政策性研究,致使文化性的研究被搁浅和忽视。在当代消费社会和新媒介社会下,在文化形态多样化的现实语境下,我们要重新审视青年文化这一研究对象的范畴、定义和内部的规律。这就更需要研究者高度的责任感和雄厚的学术素质。

  (二)青年文化研究亟须完善深层理论架构

  当一个学科发展到体系多样、方法混杂、分支学科不断涌现,并需要进行自身建设的反省阶段时,元研究的问题就浮出水面。"青年文化研究所存在的一个比较弱势的地方,就是它没有自己根据学科对象而建构出来的独特的理论及其方法"❶。从元问题角度来看,青年研究在实践中确实存在着学科缺席和问题意识弱化的问题。

正如研究者所言:"一方面是青年文化研究的成果层出不穷;另一方面却是作为学科与问题研究对象的青年群体对研究不闻不问。青年文化研究或者在各个理论领域进行思辨,或者为政策性出台演绎决策措施,作为研究对象的真青年却是一种集体失语的状态"❷。青年研究真问题在自说自话中消弭,作为真学问的青年研究社会化功能不断地弱化。但真问题依然存在,急需给予回应。

研究对象混淆不清,造成青年文化的研究更多呈现边缘化的问题,青年文化研究与青年研究难以分清,亚文化研究与青年研究两者关系不能正确地区分与对待。研究方法多具有干预性,少了预测性、解释性、描述性。在研究方法上多采用社会学的方法,但是因研究理论的专业指导深度不足,造成研究结果的重复性特征。

在学界,多数人认为青年文化研究的方法和范式是首要需调整的事情,但这样又带来以范式来代替研究的后果。我们能散见多数青年研究类的文章就围绕着研究方法进行理论的绕来绕去,未见真正成果和实效性的结果的产出。一种问题的研究,任何的研究对象,在概念界定清晰后,进行研究是有的放矢的,正如讨论问题的源和流是一个道理。源是其根本,青年文化研究在国内是有一定历史文化的变迁的,只是社会文化环境间断了青年文化的发展而已。那么,何为青年,何为青年群体的文化研究?青年研究的文化阐释在学理和学科范式上是否可能存在?这些问题需要一一勘察探讨。

(三)青年研究的社会学研究范式后力不足,文化研究范式尚待成长

对于青年群体的研究,还停留于社会学研究,文化研究刚刚出

---

❶ 沈杰."青年研究"何去何从[J].中国青年研究,2002(1):44-46.
❷ 黄海.田野、叙事和结构:青年研究的人类学进路——兼论青年研究从对策性到解释性的转型[J].当代青年研究,2007(2):9-19.

现,但起步较晚,运用不足,文化研究的重要作用凸现。青年文化在新媒介语境中应运而生,有着众多新鲜新生意味,研究者蜂拥而至,但研究方法的粗糙和理论视角的僵化,致使文化研究范式的重要作用尤为明显。

一直以来,客观实证和主观阐释是青年文化研究的两种主要方法。客观实证主要探寻的是青年文化的基础性结构,即注重青年文化的社会结构,社会权力的关系,也注重青年文化的规律性探索。主观阐释主要关注青年文化的主体和意义问题,注重研究青年文化内部的个人经验与感受。这两种研究路径,各有其优点和弊端。客观实证更多强调研究对象结构化,而忽视了其内在的差异性和复杂性。主观阐释过度依赖理论指导和推演,会造成过度阐释而缺少实证。传统的青少年研究方法多是以单一的社会学研究方法为主,这种研究方法已不能满足于多元化社会背景下的青少年文化研究。从研究方法上看,这种以社会调查研究为主的方法,研究方法单一狭隘,从而凸显文化研究的重要性。

进入到后现代社会,青年文化价值观呈现出多元化的趋势,青年文化在面临全球化大潮的裹挟下,信息化社会青年文化的分化与整合、冲突与协调、传统与创新等问题日趋明显,而青年文化的价值和道德判断研究尤为重要。进入后工业的消费社会,人们注重象征秩序,追求意义或价值。所以强调价值或道德判断正是强调青年文化的核心所在。有研究者指出,"文化问题一定是社会问题,只有把文化问题放到社会关系中才能有更明确、更真实的理解和把握。并且,社会学也不应当淡化文化研究,只有把社会学各种层面的研究同文化研究紧密联系起来,社会学才能深入到各种社会问题的深层,才能做出不流于表层的深度解释"❶。

不可否认,客观观察和量化分析在青年学研究中有一定的适用

---

❶ 刘少杰. 重新认识文化研究在中国社会学中的地位——兼论孙本文对文化社会学研究的贡献与局限 [J]. 社会科学研究, 2012 (5): 116-121.

性，但我们还应注意到，文化想象的复杂性和厚重性是量化分析所不能达到的，包括文化认同，理想价值观重建的问题仅仅靠单一定量研究是不够的。目前，青年文化研究以文化视角介入青年研究，使青年文化实践和理论相结合，进一步提升了青年研究阐释力，打破了以往青年文化研究多注重浅表化观察和单纯经验描述的研究方式。

四、青年文化研究应对的理路

（一）青年文化社会学研究的文化研究转向

中国社会生活快速网络化。"截至 2017 年 6 月，中国网络视频用户规模达 5.65 亿，较 2016 年底增加 2026 万人，增长率为 3.7%；网络视频用户使用率为 75.2%，较 2016 年底提升 0.7 个百分点"❶。随着中国企业信息化基础的进一步巩固，手机应用体验的不断优化，网民利用手机上网所占比例日益提升，生活中的网络行为更加多元，其拓展的空间也不断扩大。

网络化更注重思想的沟通和文化的表达。因此，不断加快的网络化进程导致文化与价值观认同的问题越来越重要，社会生活网络化使工作方式个体化和价值观念发生重大变化。随着信息化、网络化、多媒体时代的到来，工作方式由原来的组织化和集中化，越来越趋向个体化和独立空间，这种工作方式的变更致使社会成员价值体系变异甚至产生撕裂。

我们关注精神文化，尤其是社会结构和社会秩序变迁与精神文化，价值信念或思想观念变迁之间的重要联系。"如卡斯特所论，网络社会的崛起突显了一种崭新的社会权力，即社会认同"❷。"网络社会中的认同，已不仅仅是传统社会学论述的个体身份认同，而是

---

❶ 中国网信网. 第40次中国互联网络发展状况统计报告（R/OL）. (2017 – 08 – 04) [2017 – 11 – 12]. http://www.cac.gov.cn/2017 – 08/04/c_1121427728.htm.

❷ 刘少杰. 重新认识文化研究在中国社会学中的地位——兼论孙本文对文化社会学研究的贡献与局限 [J]. 社会科学研究，2012（5）：116 – 121.

群体通过网络交往形成的价值认同"❶。而这种包含明确价值原则的社会认同,正是文化研究的核心问题。

新媒介时代中国青年文化研究呈现复杂多元化趋势。新媒体的强大的播撒能力,网络文学实现了传播主体的多元化和开放化。微时代是全新的生活方式,强调信息传递的碎片化特征。青年网络流行文化包罗万象,如青年网络流行文化传播和文化事件,以及实践主体的身份认同、社会认同等问题。同时青年的研究方法也复杂多样。而文化研究是一种多元、开放、跨学科的学术生态,文化研究兼容着多种主张和立场,是各种学术思想和方法的生产场域。它对社会问题进行批评,也在批评实践中提出有效的方法论指导。网络文化是对主流文化的挑战,象征着一套新的社会秩序,网络文化是一个富含冲突的场所,是最能够体现复杂性的文化类型。随着文化研究在中国的发展壮大,及其对现实问题的积极介入和批评力度不断增强,文化研究与现实语境直接碰撞,并产生介入社会深层结构的提问方式。

(二)青年文化研究需要从干预性到阐释性研究

有学者指出:"就学术研究成果而言,它至少可以有四种基本功能,即描述性功能、解释性功能、预测性功能和干预性功能"。部分研究注重干预性功能,在乎其时效性与实效性。但是认真检视众多的研究成果会发现,青年研究已处于停滞状态,学理边际效益日渐减少。

西方学者保罗·威利斯(Paul Willis)于1977年出版的《学做工——工人阶级子弟为何继承父业》是一部很好的青年群体文化研究的范例。该书在第一部分用民族志的方法描述了"家伙们"的生活和反学校文化的姿态。威利斯不是依靠经典理论而是通过田野调

---

❶ 刘少杰. 重新认识文化研究在中国社会学中的地位——兼论孙本文对文化社会学研究的贡献与局限 [J]. 社会科学研究, 2012 (5):116-121.

查方式探究解决问题的途径。通过田野调查获得真实信息和数据，或许真能帮助我们找到理解和阐释现实的路径。这种研究方法对于复杂的当代中国青年文化研究，具有重要启示意义。

以田野调查研究为突出特色的文化人类学研究方法，为青年研究提供了一种可行性模式和开放性视角。"青年研究回到田野中，也就是回到经验中，更是回到问题本身当中"❶。"提倡以'他者'的身份深入青年群体进行田野调查，力图阐述个人的生活方式、心理特征、行为模式与文化背景"❷。对于青年研究来说，文化人类学的研究方法恰如其分，在当下青年文化研究中起到了某种重要作用了。

在更多向"专业化"范式转变的过程中，诸多研究者用更多时间对待范式问题。实证主义和人文主义是当前青年研究中的两种主要方法论，其中，流浪儿童、留守儿童实证研究已颇有影响并具上升发展趋势。但研究界已对此产生警惕，即"青年研究不可以量化数据遮蔽文化精神，以价值无涉和价值中立来忽视对生命质量和生活意义的追问"❸。也正是在这个意义上，部分研究者正在践行着以文化人类学视角探究青年研究的通达之境。以人类学作为开启学术研究的自觉途径，从第二次世界大战时期就开始了，由鲁思·本尼迪克特的著作《菊与刀》运用文化人类学的研究方法对日本文化进行考察，成为学界研究日本文化的鼻祖，被称为文化人类学的经典之作。

注重青年文化与时代的互动，从青年文化实践中研究青年，是青年文化研究的实践经验和理论要求。由此，我们在研究范式、研究视阈等方面要明晰严谨，注重多元化视角、多学科融合的方法，保持开放性的方法范式态度，汲取其他理论模式和研究路径的长处，

---

❶ 黄海. 从青年研究到青年学——一种真问题与真学问相结合的文化人类学反思[J]. 湘潭大学学报，2005（6）：64-70.
❷ 黄海. 从青年研究到青年学——一种真问题与真学问相结合的文化人类学反思[J]. 湘潭大学学报，2005（6）：64-70.
❸ 谢昌逵. 对中国青年研究的反思[J]. 当代青年研究，2007（2）：1-8.

多角度和多视阈地研究青年文化，才能研究得更为详尽和深入。青年文化的发生、发展以及变化，都与社会文化变迁密不可分，故此，研究青年问题要深入研究社会、文化、经济对青年的影响及青年所做出的回应。以真正的青年视角研究青年问题，才能对当代社会文化问题有所回应和思考，才能真正认识全媒体时代社会历史文化变迁对青年文化的影响。

（作者为北京青少年研究所研究员）

国外应急志愿服务的特点及对我国的经验借鉴

高艳蓉

摘 要：公共危机事件发生后，快速应对并维护社会的稳定发展不仅依靠政府的能力，且依赖于一些高素质的第三方力量。应急志愿组织和应急志愿服务应运而生，各国政府正逐步将应急志愿服务融入公共危机管理的主体之中。本文在介绍国外应急志愿服务现状的前提下，对国外应急志愿服务的特点进行了分析和研究，并且总结我国可以借鉴的经验，即提高全民的应急服务意识，构建良好的应急志愿服务环境；正确认识应急志愿服务的意义，建立相应的应急救援系统；建设统一有序的应急志愿服务指挥体系；建立健全相关法律法规，规范民众的应急服务行为；建立参加应急志愿服务的专业标准；建设国家应急志愿服务支持基金等，希望能够使我国的应急志愿服务更加完善。

关键词：应急志愿服务　国外　特点　经验借鉴

近些年来，我国经历了 SARS 病毒、汶川地震、冰冻雪灾、特大暴雨、玉树地震等多次发生的突发事件，深刻影响了人们的生活，人们对于政府应急的关注度逐渐上升。在巨大的救援压力下，政府在应急处理突发事件时表现出的不足表明，充分发挥应急志愿服务队伍在突发事件处理中的优势，有效参与应急管理成为迫在眉睫要解决的问题。如何在突发灾难面前，有效地控制和管理志愿者，使得应急志愿服务活动能够发挥最大的效用，我们可以从国外应急志愿服务的招募、培训和管理方面汲取一些经验借鉴,为我国的应急志愿服务提供更好的发展方向。

一、国外应急志愿服务的发展分析

(一)起源

在19世纪初,西方国家就开始出现了志愿服务,这种志愿服务是来源于宗教性质的慈善服务活动,例如英国的"慈善组织会社",美国的"社区志愿服务",等等。直到独立战争期间,美国才涌现出一大批志愿者组织,这成为最早的应急志愿服务的标志。

(二)发展

在20世纪初,欧美一些国家逐渐通过了一些社会福利法律法规,而这些法律法规不仅需要具备献身精神的社会工作者去完成,还需要充分地调动和招募大量的志愿者投身到志愿服务领域中,因此志愿服务便逐渐得到了国家和政府的重视与支持。而一些致力于灾害现场的非营利组织也变得愈加活跃,这在一定程度上促使了国际红十字会的建立。事实证明,红十字会在此后的两次世界大战中发挥着极其重要的作用。

日本一些非营利组织也开始展开国际合作,这些组织大多是在20世纪60年代成立的,它们主要活跃于国家各种各样的救援救助活动中,例如海外医疗机构、难民救助机构、日本国际志愿服务机构等,当前这些组织的数量已经达到了400多家。[1]

(三)进入国家应急救援工作体系

20世纪60年代以来,各个国家都开始重视应急事件服务,不断

---

[1] TANIGUCHI H, MARSHALL G A. The effects of social trust and institutional trust on formal volunteering and charitable giving in Japan [J]. VOLUNTAS: International Journal of Voluntary and Nonprofit Organizations, 2014, 25 (1): 150–175.

地加快应急救援工作系统的建设步伐,而大量的志愿者和志愿者组织也逐渐被纳入了国家的应急救援工作体系中,成为相当重要的一部分。同时,这也促使各种应急志愿者组织获得更好的发展,不管是在美国、英国、日本、德国还是其他欧洲国家,其应急救援领域都出现了制度化的志愿者组织和志愿者。

各种救援救灾队伍从之前的军队、消防部门,发展到现在职业性很强的救援队伍,其中以救援工作为主,以志愿者为辅;而救援工作也从单一的山地救援,逐渐细化发展成水上救援、空中救援、特殊场地救援等,救援的范围和领域不再受到限制。到目前为止,很多国家已经在内部形成了国家、地方和民间三者有机结合的完善的救援系统。

总之,从20世纪后半叶以来,志愿服务是在危机中兴起的,同时又在危机中生存和发展,因此我们可以认为整个志愿服务的发展是和各种各样的社会问题有着密不可分的联系的,不同的志愿组织都会有属于自己的组织目标,但是他们的最终目的都是化解公共危机事件。

二、国外应急志愿服务的特点简析

(一) 浓厚的志愿服务氛围

国外的应急志愿服务氛围是相当浓厚的,一方面有政府的正确引导,例如美国在20世纪30年代就成立了"公民服务团",此后每一届的政府都会在全国范围内大力推广和宣传志愿者服务。另一方面是志愿组织的全面覆盖,例如美国的某些社区服务组织是"美国自由队"的重要组成部分,它为不同的年龄阶段以及不同的社会背景的美国公民提供志愿服务的机会,使得美国公民能够真正地投入社会服务中。❶ 另外,国外公民的志愿服务意识强烈,例如美国的社

---

❶ NESBIT R, BRUDNEY J L. Projections and policies for volunteer programs: The implications of the Serve America Act for volunteer diversity and management [J]. Nonprofit Management and Leadership, 2013, 24 (1): 3–21.

会体系的建设比较完善,公民的服务意识强烈,热衷于社会公共事务。所以浓厚的志愿服务氛围成为国外应急志愿服务的突出特点,这种氛围的构建是在长期中形成的,并不是一蹴而就的,因此需要引起国家的重视和关注,更加主动地营造志愿服务氛围。

（二）应急工作与志愿者协作的结合

由于国外政府将应急志愿者作为服务管理体系的重要组成部分,因此志愿者在应急志愿体系中有着明确而又重要的定位。例如美国联邦紧急事务管理署不仅聘用了两千多名专职人员,而且还聘用了在灾害救援方面具备专业知识的志愿者。国外政府和志愿者在紧急救灾中有着明确的分工,例如美国的联邦、州、郡等都有属于自己的紧急救援队伍,它们是处理灾害危险的中坚力量,而这些救援队伍便由志愿者组成。❶ 再例如加拿大建设了专门性的国家应急救援队伍,这些成员都属于公务员编制,其中志愿者和相应的应急管理体系是有机结合的。❷

（三）具有完善的志愿者组织管理系统

在一些较为发达的国家中,已经建立了完善的志愿者组织管理系统,如果发生了紧急突发事件,便会有统一高效的指挥机构,对各个志愿者组织进行调配和协调。要知道志愿者组织是社会专业救援队伍的重要组成部分,它们有属于自己的专业服务特点,并且会将志愿者的信息数据纳入数据库,保证下次紧急事件发生时能够快速、高效地满足需求。在日本,就成立有协调和组织志愿者的中枢机构——救灾志愿者中心,协调诸多救灾志愿者组织和个人的总枢

---

❶ 宋劲松,王宏伟. 美国应急志愿者管理制度及其经验借鉴[J]. 北京行政学院学报,2012(4):34-40.

❷ 江汛清. 国外应急志愿服务的特点及对我国的启示[J]. 青年探索,2010(2):1-5.

纽。❶在英国,当公共危机发生时,成立的应急指挥中心一般由当地应急论坛(RRF)联合当地应急小组(RRT)组成,共同来协调和应对公共危机。当危机爆发,该指挥中心先对危机进行简单评估,确定风险程度、需求指标,如地域、专业、人数等,分派给各个应急志愿组织。❷❸

(四)重视应急服务志愿者的招募、培训和管理工作

在国外,对应急志愿者的培训工作是重中之重,这是因为应急服务工作自身的需求,同时也是为了提高志愿者的应急能力,使其能够在救援救灾活动中发挥最大的效用,避免"无效牺牲"的情况出现。而招募具有一定应急能力的志愿者也是由经验丰富的专家进行培训和管理的,从而保证了应急志愿者具备较好的专业技能,真正地发挥应有的效用。通过高效、合理的培训管理后,形成一支稳定的应急救援救灾队伍。在德国,应急志愿者分属不同的救援团体,进行专业并严格规范的培训,以德国技术救援署(THW)为例,培训分两个阶段:基本理论培训和模拟与演习;两个层次:90%的志愿者进行标准化的技术救援基础培训,6个月内培训120课时,10%的志愿者进行指挥层面培训与专业救援层面培训,一般为1周时间。❹

(五)具备稳定的应急服务资金渠道

在国外的应急服务活动中,有一小部分是由当地政府经过应急

---

❶ 宋云超. 关于借鉴日本应急志愿服务机制的思考[J]. 法制与社会, 2014 (27): 184, 188.

❷ HERRANZ S, ROMERO-GÓMEZ R, DÍAZ P, et al. Multi-view visualizations for emergency communities of volunteers[J]. Journal of Visual Languages & Computing, 2014, 25 (6): 981-994.

❸ 廖恩, 黄晓伟, 王锐. 英国应急志愿服务的经验及对我国的启示[J]. 行政管理改革, 2012 (2): 80-83.

❹ 凌学武. 德国应急救援中的志愿者体系特点与启示[J]. 辽宁行政学院学报, 2010, 12 (5): 9-10.

救援体系的相关机构分配给志愿者的,而这些资金的形式主要是各种救援救灾装备。有很大部分的资金是由志愿者组织和相关的应急救援机构相互合作来获得的,因此这些救援资金主要是以组织的形式来控制和运行的。志愿者组织的发展是应急救援的基础和前提,其组织的资金筹集都是在组织的宗旨和目标的基础上实现的,通过向政府、社会公民、企业等发动筹集,来获取必要的资金、物质和劳动力。例如,一些欧美国家的志愿者服务社会支持网络是相当成熟的,不仅有政府和有关媒体的支持,还有社会各种机构、团体、个人的支持。

(六)健全的应急服务法律体系

关于应急法律法规方面,我们以美国为例,在20世纪80年代美国国会就通过了超级基金法的修正案,这是应急事件救援的最高法律依据,这个法律的第三部分是关于应急计划的制订、实施以及社区知情权的规定。另外与应急事件救援相关的法律法规还有环境应急响应、赔偿、责任等方面的规定,这些都为应急志愿者在参与各种救灾救险活动提供了强有力的制度保证。另外,一些志愿者服务法律法规甚至直接为志愿者参与应急事件救援工作提供了法律保障,例如,美国在20世纪70年代制定了《志愿服务法》,而日本在十几年后也制定了《特定非营利活动促进法》,各种应急服务法律法规为志愿者参与应急事件救援活动提供了一定的保障和支持。

三、对我国的经验借鉴分析

结合上面提到的国外应急志愿服务的特点,我国在汲取和借鉴的同时,要充分考虑我国自身的社会发展状况,制定与我国发展相协调的应急志愿者服务机制,使其能够真正地发挥效用。

(一)提高全民的应急服务意识,构建良好的应急志愿服务环境

宣传倡导志愿服务精神和服务意识,使全民都能够对应急事件

服务产生一定的共识，充分调动和发挥社会民众的积极性，使其主动地参与到应急志愿服务活动中，这在一定程度上减少或者避免了突发紧急事件所带来的危险和损失。具体来讲，个人自救和社区救援是危机管理过程中的重要因素，在发生危险之后至外部救援到达之前，个人和社区的自我救助是相当重要的，这就需要加大对社会民众防灾、救灾、自我保护等培训教育活动的力度，尽可能地通过各种渠道来宣传自救防灾知识，同时建立相关的防灾教育基地、应急救援救灾场所等，大力开展各种公共教育，使公民能够在面临危险时具有保护自身安全和财产的能力，更加主动地参与到应急志愿服务活动中。

（二）正确认识应急志愿服务的意义，建立相应的应急救援系统

要知道应急志愿服务在我国是一个比较新型的志愿服务领域，由于社会上对应急事件志愿服务没有正确的认识和理解，使得应急事件的危险性和突发性没有引起社会大众的重视，直接影响了应急事件志愿者在该领域所发挥的效用。应急志愿服务活动如果没有了志愿者的参与，那么就没有存在的意义了，因此应急志愿服务应当与相应的救援体系衔接起来，在实际的运行过程中建立相关的机制。

（三）建设统一有序的应急志愿服务指挥体系

建设统一有序的应急志愿服务指挥体系是应对公共危机事件的关键和基础，同时也是对救援救灾资源合理调配的重要保障。很多时候就是因为没有统一的应急志愿服务指挥体系，使得资源和时间被多方面、多主体的控制与管理，从而造成了不必要的损失和浪费。国外红十字会体现了一种专业的应急救援身份，它能够充分地调动最基层的群众参与到救援救灾活动中。因此我们的志愿者组织应当也需要一个自上而下的、统一有序的应急救援体系，与红十字会进行有机地配合，发挥红十字会国有民政系统和共青团系统的职能效用。

(四) 建立健全相关法律法规, 规范民众的应急服务行为

志愿服务组织需要完善法治环境与内部制度, 解决好志愿服务组织的法律规制与监管问题, 是实现志愿服务组织化、有序化和专业化的制度保障。志愿管理机构应当借鉴他国先进的管理经验, 在对我国实践经验进行科学梳理之后, 制定出关于志愿者服务应急事件处理的法律法规和相关政策条例, 从而从法律角度规范我国的应急志愿者相关管理工作, 推进应急志愿者服务相关立法工作, 完善相关法律法规。在相关立法工作之中, 应当就志愿者服务人员的权利与义务做出相关明确的规定, 一方面考虑现行其他法规, 另一方面需要体现出一定的前瞻性。例如, 就志愿服务组织机构体系和国家管理部门关于应急救助的体系之间的关系进行研究讨论, 且做出最后的立法说明。

(五) 建立参加应急志愿服务的专业标准

由于应急志愿服务领域还没有完全统一的参加标准, 这使得有些专业性低的志愿者掺入其中, 不仅不能使救援救灾活动得到高效的处理, 反而给救援救灾活动带来了不利的影响, 因此建立参加应急志愿服务的专业标准是十分必要的。参加应急志愿服务的专业标准必须是全面的、多层次的, 也就是针对不同的专业来制定不同的应急救援标准, 这套标准是用来考核和评价志愿者的条件和能力的, 但是这并不意味着符合这个标准的志愿者便可以参加应急志愿服务活动了。还需要对这种审核过程进行更加专业的培训, 并给予相应的资格认证, 由专门的监管部门来执行, 严格执行考核标准。

(六) 建设国家应急志愿服务支持基金

美国的国家应急志愿服务支持基金是能够进行个人开放申请的, 而获得申请批准的个人可得到不少于五万美元的资金帮助, 如果资金使用能获得较好的效果, 还可以提供更加多的资金帮助, 国家应

急志愿服务支持基金主要是帮助应急一线的志愿者，给他们提供有用的技术训练支持。❶ 但是美国专业性很高的救援人员是比较少的，仍然需要志愿者参与到救援活动中，这个基金的建立更多的是为一些重大紧急事故配备相应的人力和物力。我国在应急救援领域也存在着诸多的限制，其中基础薄弱和专业人员匮乏问题是比较突出的，如果国家可以加大对应急救援基金的支持力度，那么便可以使大量的志愿者资源得到有效的利用和开发。

参考文献

[1] 何增科. 公民社会与第三部门研究引论［J］. 马克思主义与现实，2000（1）：27－32.

[2] 张网成. 国家应急志愿服务体系的模式选择与机制建设研究［M］. 北京：知识产权出版社，2011.

[3] WILSON J. Volunteering［J］. Annual Review of Sociology，2000：215－240.

[4] PARKER S R. Volunteering—altruism，markets，causes and leisure［J］. World Leisure & Recreation，1997，39（3）：4－5.

[5] HERRANZ S，ROMERO－GÓMEZ R，DÍAZ P，et al. Multi－view visualizations for emergency communities of volunteers［J］. Journal of Visual Languages & Computing，2014，25（6）：981－994.

［本文为北京市教委社科计划项目"公共危机事件中应急志愿管理研究"（SM201411626002）阶段成果，作者系北京青年政治学院科研处副研究员］

---

❶ 莫于川，梁爽. 社会应急能力建设与志愿服务法制发展——应急志愿服务是社会力量参与突发事件应对工作的重大课题［J］. 行政法学研究，2011（4）：21－29.

"互联网+"背景下养老服务构建研究

石 刚

摘 要：中国人口老龄化问题日益突出，养老需求呈现多层次、多样化特征，以北京市老年人口比例较高的社区为对象，进行居家养老和社区服务调研。针对服务内容复杂化和精细化，信息平台标准不统一的实际情况，提出从城市养老云平台构建，居家数据终端接入，社区和机构服务管理系统，互助服务系统和微信公众号建设方面入手，建立基于云平台的养老服务模式，整合不同层次资源，提升养老服务整体水平。

关键词：养老服务模式　云平台　居家数据终端　社区互助　微信服务

一、引言

2015年7月4日，国务院印发了《关于积极推进"互联网+"行动的指导意见》将"互联网+"益民服务作为重点行动❶，其中指出：充分发挥互联网的高效、便捷优势，加快发展基于互联网的医疗、健康、养老等社会保障新兴服务，创新政府服务模式，提升政府科学决策能力和管理水平。进一步促进智慧健康养老产业发展，依托现有互联网资源和社会力量，以社区为基础，搭建养老信息服

---

❶ 徐涵，姚进. "互联网+"部际联席会议制度将建［N］. 经济日报，2015-06-27（3）.

务网络平台,提供护理看护、健康管理、康复照料等居家养老服务。鼓励养老服务机构应用基于移动互联网的便携式体检、紧急呼叫监控等设备,提高养老服务水平。

2015年11月20日第二届全国养老产业与职业教育高端对话活动,从不同视角、不同层次和不同角度对当下中国养老问题、养老服务业发展、养老产业与人才、养老产业发展与继续教育、养老专业人才和服务人员培养培训、养老教育国际化、养老专业实践探索等热点话题进行了广泛的交流和深入的探讨,养老教育和产业对话机制和组织体制进一步优化。❶

二、养老服务信息化现状和发展趋势

目前,各地的养老信息服务平台结构差异性较大,扩展能力不足,难以方便、灵活地应对业务量的发展和需求变更;缺乏统一的数据标准;地方系统独立建设与相关业务领域、部门以及信息系统间难以互联互通;跨机构和部门的业务流程还没有完整整合,各地在养老信息化方面的投入和支持力度参差不齐,因此信息系统的开发及维护人员极其缺乏,系统的更新和利用效率也普遍不高。

2015年,国务院办公厅转发卫生计生委等九部门《关于推进医疗卫生与养老服务相结合指导意见》,意见提出要强化信息支撑。积极开展养老服务和社区服务信息惠民试点,推动社区养老服务信息平台与区域人口健康信息平台对接,整合信息资源,实现信息共享。

据国家卫健委发布《2020年度国家老龄事业发展公报》,截至2020年11月1日零时,全国60岁及以上老年人口达到2.64亿人,占全国人口的18.70%。以北京市为例,提出了"9064"养老模式❷。即到2020年实现,90%的老年人在社会化服务的协助下通过

---

❶ 丁朋. 2015年第二届全国养老产业与职业教育高端对话活动在京举行[N]. 中国民政, 2015 (24): 60.

❷ 邹文君. 社区综合养老服务体系之居家养老服务研究[D]. 北京:中国社会科学院研究生院, 2014.

居家养老，6%的老年人通过政府购买社区服务照顾养老，4%的老年人入住养老服务机构集中养老。北京现在每年新增老龄人口达到 15 万之多，人口老龄化发展速度还将不断加快，预计 2030 年北京常住老年人口将超过 500 万，占总人口的 30%左右。北京市老年人口预测如图 1 所示，照此预测，按照"9064"养老模式，90%采用居家养老模式，300 多万老年人口是我们的服务对象，假定老年人口分布在 75%的家庭，将有 225 万户家庭有居家养老需要。因此创建基于智能家居终端、物联网、云计算等技术的"互联网+"养老服务模式有非常广阔的市场前景。❶❷❸

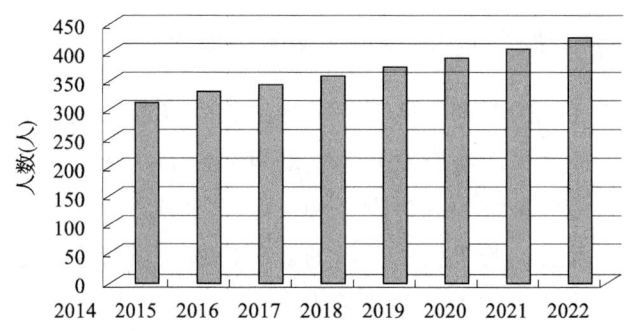

图 1　北京市老年人口（60 岁及以上）数据

未来的养老应该是颠覆传统的形式被以物联网、云计算、大数据为基础的智慧养老所取代。❹ 以居家数据终端为基础，利用互联网、移动互联网、物联网等手段建立服务系统与互动平台，通过整合公共服务资源和社会服务资源来满足老年人在日间照料、健康管

---

❶ 杨威，高文华. 基于 Android 的智能家居终端设计与研究［J］. 计算机技术与发展，2013，23（7）：245-248.

❷ 石刚，李子平. 社区智能养老服务系统构建研究［J］. 电子政务，2015（4）：82-89.

❸ 梁阳旭，董绍岩. 国家养老信息化共享云平台建设研究与探索［J］. 电子技术与软件工程，2015（9）：244-246.

❹ 席恒，任行，翟绍果. 智慧养老：以信息化技术创新养老服务［J］. 老龄科学研究，2014，2（7）：12-20.

理、安全看护、休闲娱乐、亲情关爱等方面的养老服务需求。新型养老服务模式的推广将极大地提高养老服务质量,缓解目前所面临的诸多养老问题。

三、养老服务需求调研及统计分析

为了了解社区养老服务实际需求情况,以北京市花北东社区、青年湖社区和广安门街道为调研地点,设计需求信息调查问卷进行随机抽样调查。社区是典型的老旧小区,老龄人口占居民比接近30%,本次调查对象是男60岁及以上、女55岁及以上的社区居家老人。收回有效调查问卷218份,调查对象的基本构成和特点:男103人,占比47%;女115人,占比53%。其中,55~59岁占总人数的20%,60~69岁占总人数的40%,70~79岁占总人数的28%,80岁及以上占总人数的12%。调查对象中职业性质大多为工人,也有部分教师、技术人员、管理人员及无业者。与配偶同住的占总人数的52%,与配偶子女同住的占总人数的26%;独居子女偶尔探望的占总人数的11%;孤寡占总人数的2%;文化程度普遍不高,经济能力不强,月收入1600~3000元的占总人数的67%,3001~5000元占总人数的27%,5000元以上占总人数的6%;受访对象主要经济来源为退休金,医疗费主要由社会医疗保险支付,大多数老人经济需求问题不突出。此次调研样本基本能代表城市社区居家整体状况。调研内容主要包括个人基本信息、日间照料需求信息、精神需求信息、医疗服务需求信息、家庭生活服务需求信息、法律援助需求信息、社区互助需求信息等多个方面。

(一)日常生活需求

老年人日常生活不够丰富,多数活动集中家里和社区,日常活动主要包括小区锻炼身体、在家看电视、旅游、打牌、参加社区组织的活动、探亲戚、其他活动等情况,活动情况统计数据如图2所示。从统计情况来看小区锻炼(166人,占比76%)、看电视(160

人，占比73%）、社区活动（94人，占比43%），多数以家庭和小区内部活动为主，亲戚间交往逐渐减弱。调查同时也对目前生活满意度进行了解，尽管这样的日常生活满意度达到83%，但明确表示不满意的也达11%，对社会工作和养老服务提出了心理疏导需求警示。生活满意度与收入关联度集中在两头，即5000元以上高收入及1600元以下低收入的老年人满意度相对偏高。有旅游爱好的老年人大多也是对生活满意者。经济宽裕的老年人的确会得到别人更多关注，满意度高；收入低的老年人自身需求标准也低，欲望不强，要求不高，满意度也不低。

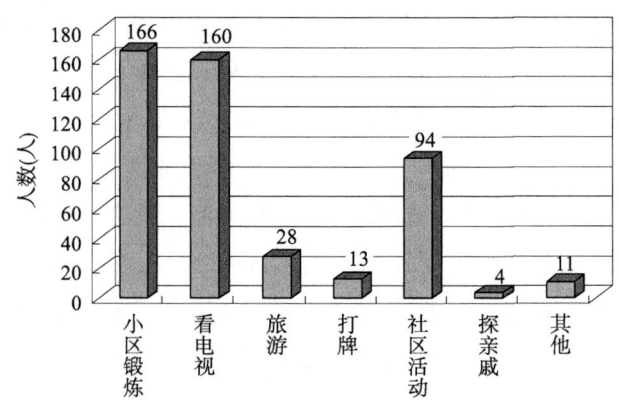

图2　老年群体日常主要活动情况

老年人大多看重天伦之乐、邻里关系、地缘关系，对自己的家庭和久居的社区环境产生依恋，他们一般不愿轻易离开自己所熟悉的生活环境。随着人口老龄化程度的提高，老年群体对于家庭和社区的依赖、亲近和需要日渐增多。社区老人大多不愿意离开自己的家，更希望有专职保姆照顾相伴；希望子女能够常回家看看。愿意在社区养老愿望仅次于居家养老，有不少人提出在社区内建养老机构。

（二）社区服务需求

老年人的基础服务需求比较单一，主要集中在健康检查，绝大多数没能达到追求较高的精神需求层次。在社区服务类别调查中，老年人的需求主要集中在义诊和照料。被调查者普遍认为自己身体状况不佳，或多或少都有身体的不适。在社区提供的服务种类统计中主要包括社区义诊（120人，占比55%）、居家照料（94人，占比43%）、家庭保洁（68人，占比31.2%）、上门探访（52人，占比24%）、法律援助（50人，占比23%）、个案帮扶（41人，占比19%）、文娱活动（78人，占比36%）和养生讲座（17人，占比8%）。社区服务需求统计情况如图3所示。养生需求比例并不高，生活不富裕的老人基础服务需求比较高，精神需求相对较低，因此适合他们的主要是健康关怀服务，调查者的患病种类主要集中在心脏病、高血压和糖尿病。老年人随着年龄的增长、疾病的增多，自理能力相对减弱，在是否愿意成为社区义工志愿者的调查中绝大多数人表示不愿意，更希望成为被服务对象。在社区提供的专项服务调查中更多人选择了爱心超市、便民商店和一刻钟服务圈（占比76%）这样的生活类服务，在帮扶上更倾向于结对自愿服务形式。尽管社区文体活动团体已经建立，但是活动种类较少且参与者所占居民比重并不高，目前仅能够满足爱好人群的需求。如果现有文体团队水平较高并且具备一定影响力的话，会带动居民的更高关注度，这种服务形式能够凝聚居民向心力，吸引更多的人参与进来丰富老年人的晚年生活。

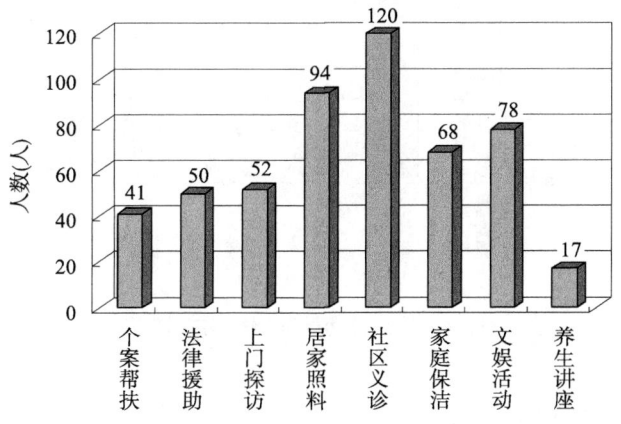

图3 社区服务种类需求情况

(三) 日间照料服务需求

日间照料服务需求主要是膳食提供和心理疏导，个性化服务和精细化服务还有一定差距。老年人日间照料服务需求比较突出，其中膳食提供需求146人，占比76%；心理疏导需求100人，占比46%；卫生护理需求83人，占比38%；文体娱乐需求65人，占比30%；身体检查需求37人，占比17%；日常接送需求24人，占比11%等，日间照料服务需求如图4所示。在政府的大力推动下，北京市条件具备的社区都配备了日间照料间，也都有帮扶结对，但实际发挥的作用比较小。绝大部分的社区老年人更希望日间照料提供膳食服务，既能提供味美价廉又能送到眼前的贴心餐。在心理疏导和卫生护理服务需求上，希望医护人员或社工人员能提供定时上门服务，并设立社区服务热线，方便及时沟通。目前日间照料的服务种类和服务内容与老年人个性化、精细化服务需求有一定的差距。随着独居和空巢老人的增多，老年人服务需求日益呈现多样化和个性化趋势。

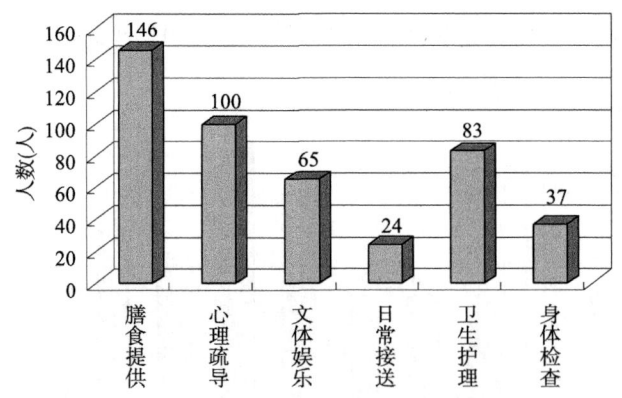

图4 社区日间照料服务需求情况

(四) 居家生活服务需求

居家生活服务项目需求以体力和维修为主，同时有一定比例的陪伴就医。居家生活需求服务项目调查情况如图5所示。小时工服务需求113人，占比51.8%；家庭保洁服务需求94人，占比43.1%；综合服务需求65人，占比29.8%；陪伴就医需求55人，占比25.2%；日用品配送服务需求52人，占比23.9%；护工服务需求46人，占比21.1%；保姆服务需求43人，占比19.7%。由于年龄增加和行动不便等原因，老年人居家生活需求对体力服务和家电维修服务比较迫切，例如送货上门、家居清洁、家电维修、买菜做饭等方面。由于城市交通日益复杂再加上就医手续烦琐，很多老年人希望看病的时候有人陪同并能处理一些事项，尽量减少在家和医院之间的奔波。

被调查者都希望拥有条理清晰，和平安定，民主和谐的生活气氛，希望避开痛苦的情绪和陷入窘境；同时也希望得到他人的帮助、保护、喜欢、指导、原谅、安慰等；希望得到他人的理解和尊重，对自己的事情有决定权；渴望身体没有疾患和痛苦。

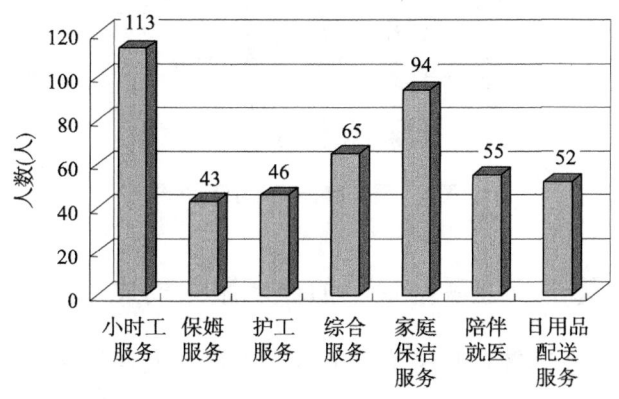

图5　居家生活服务项目需求

（五）居家精神服务需求

居家精神服务项目需求中情感交流占主要位置，学习和知识获取需求相对较少。情感交流包括聊家常、心理疏导和社团活动等，居家精神服务项目需求统计如图6所示。聊家常服务需求142人，占比65.1%；心理疏导需求129人，占比59.2%；社团活动需求78人，占比35.8%；文化学习需求37人，占比16.9%；读报服务需求20人，占比9.2%；个案辅导需求19人，占比8.7%；交友需求13人，占比5.9%。老年人基本生活需求问题不突出，但是精神慰藉需求比较强烈，进入老年期，心理生理发生一系列变化，日常生活开始需要社会或子女照顾，容易产生消极情绪。忙于工作及自己家庭的子女很难满足老人的全部亲情需求，老人有时会恐惧自己成为家庭的累赘。因此，在吃饱穿暖的基础上，应将更多的服务体现在人文关怀、情感交流等服务细节上，才能使更多的老年人感到舒适满意，让老年人老有所养、老有所依、老有所乐。

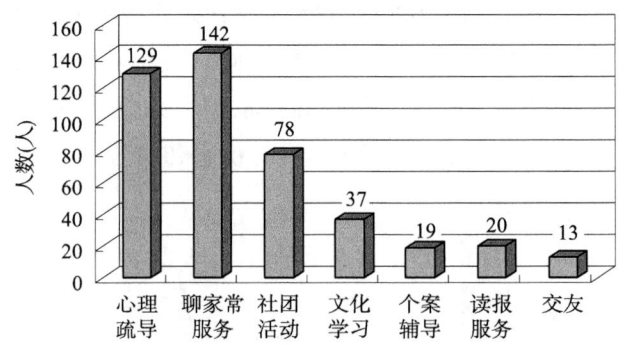

图6 居家精神服务项目需求

四、基于"互联网+"的养老服务模式

李克强总理曾在政府工作报告中提出"互联网+"行动计划，发展以互联网为载体的线上线下互动公共服务，有序推进基本公共服务同城化，向广大群众提供更好的公共服务，"互联网+"正式上升为国家战略。❶ "十三五"规划纲要中提出了积极开展应对人口老龄化行动，建设以居家为基础、社区为依托、机构为补充的养老服

---

❶ 宁家骏. "互联网+"战略下的"信息惠民"顶层设计构想［J］. 电子政务，2016（1）：76-79.

务体系。全面放开养老服务市场，通过购买服务、股权合作等方式支持各类市场主体增加养老服务和产品供给。

为有效解决养老服务工作复杂多样性、需求多层次性、信息平台规范不统一、数据标准不一致、社区街道信息系统难以互联互通的现状问题，促进"互联网+"背景下养老服务业良好发展，现以城市空间区域为研究对象，综合考虑居家、社区/街道/机构、政府三个层面，提出从城市养老云平台构建、居家数据终端接入、社区/机构服务管理系统、互助服务系统和微信公众号建设等方面入手，以互联网、移动互联技术、大数据和云计算为支撑，建立基于云平台的养老服务模式，如图7所示。

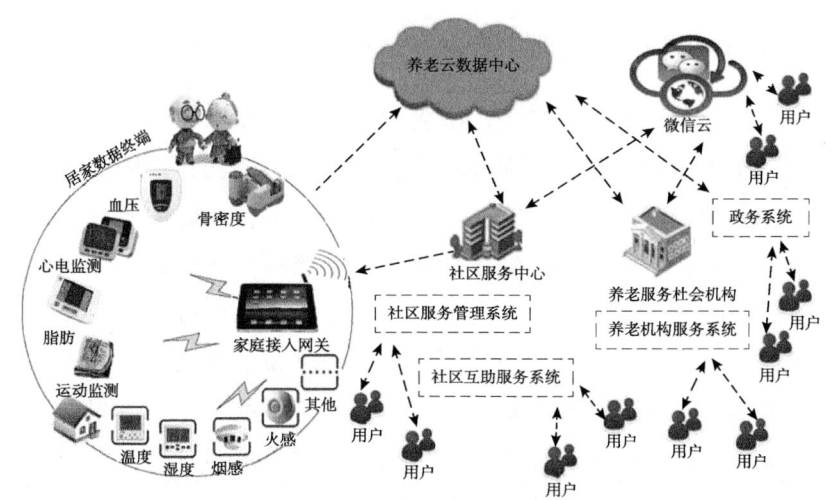

图7　基于云平台的养老服务模式

（一）养老云平台构建

构建养老云数据中心平台，提供老年人信息采集、居家数据终端采集和数据分析相关服务。养老云数据平台实现对区域老年人口信息资源汇总、家庭数据终端监测数据采集、对相应的虚拟化资源进行调度和管理，以及相应数据资源在平台上的整合，将相应数据资源转化为服务。云数据中心是老年人服务需求、养老服务提供方、社区、养老机构和民政部门之间数据交互的枢纽，实现养老服务系统内外不同业务应用间的互通互联。把整合后的各种养老信息资源建成共享的信息服务基础设施，对外提供统一的服务。

利用统一的云数据中心平台服务标准，制订相应的顶层开放协议与操作规范来实现数据间的相互操作，使老年用户、社区、养老机构、第三方机构和相关政府部门通过该平台享受全面且一致的服务。总之通过平台即服务（PaaS）、基础设施即服务（IaaS）和软件即服务（SaaS）实现不同层次养老资源的整合，❶满足老年人养老服务的精细化和个性化需求。

（二）居家数据采集

居家数据采集终端应具备便捷化、多样化和标准化。居家数据终端采集人体的各种参数和环境参数进行实时监测，将传感器数据传送到各种通信终端上，统一汇总到数据云平台，通过云平台来满足老年人群在安全看护、健康管理、生活照料、休闲娱乐、亲情关爱等方面的养老服务需求。由于老年人对于智能设备操作能力普遍较低，所以数据采集终端必须便捷化。同时为了方便老年人的多样化服务需求，从可穿戴设备终端到人体传感终端、环境监测终端等多个方面，数据终端的种类要多样化且方便自由组合。在数据通信协议上统一标准，方便接入云数据平台。

（三）服务系统搭建

利用社区服务管理系统、社区互助服务系统和养老机构服务系统为老年人提供多层次多形式的生活照料服务。

社区根据实际需求制定自己的服务项目，建立多层次专业服

---

❶ 赵炯. 基于云计算的养老服务信息化管理的探究［J］. 劳动保障世界，2015 (S1)：162-164.

团队和加盟商服务团队,将其纳入社区服务管理体系,为老年人提供日常生活服务。社区为居家老年人提供认可程度较高的服务信息内容,例如膳食服务、便民维修信息、家政服务信息、社区义诊、心理咨询等,同时开展其他服务内容的宣传和引导,例如养生讲座、公益活动和康复护理等。

利用社区互助服务系统为社区居民提供相互帮助,扩大交友范围的机会。实现稍年轻的老年群体不仅能够自我照顾,还能够为年老的老人提供服务,在老年群体之间形成一种互动关系。对辖区范围内的志愿者要给予培训并提供一定的物质奖励或自愿服务积分。开展"时间储蓄"老年人互助活动,落实好"时间储蓄卡"制度,确保持久运作。❶

养老机构作为补充形式提供高端和专业的养老服务,利用其优势为老年人提供规范化的照料。不论是社区服务系统还是机构服务系统都需要进行标准化,进一步整合现有各个层次的信息资源,促进不同系统之间的资源共享,全面提升养老服务水平。

(四)打造微社区

利用微信云平台,推广社区或机构养老微信服务。微信实现了"互联网+"时代移动信息服务模式,据中国互联网络信息中心(CNNIC)最新统计显示,微信以其便利的移动性、超强的互动性、高效的传播能力、极具吸引力的富媒体内容等优势已成为信息服务中最主要的媒介。❷社区和养老机构需要积极开展微信服务,打造微社区和微机构,使信息服务内容和形式得到更加多样化的呈现,不仅有助于拓宽其服务范围和方式,提高服务质量,而且对于在"互联网+"环境下,建立智慧养老,构建和谐社会具有积极意义。

---

❶ 王洋. 我国养老"时间储蓄"服务研究 [D]. 北京:北京交通大学,2012.
❷ 郭敏,周晓英,宋丹,等. "互联网+"时代的我国医院微信信息服务研究 [J]. 图书与情报,2015(4):19-25.

（五）构建智慧型养老政务系统

构建智慧型养老政务系统，实现协同化和规范化办公。智慧型养老政务系统以信息交换为重点，打通部门间数据和应用壁垒，协同办理跨部门、跨系统为老服务事项。推动以资源开发利用为主线、以业务为重点的办事协同，促进以居家感知终端为手段，以云数据平台为支撑的为老服务框架体系建设，并制订该体系的规范化、标准化流程，使之能够适应老年群体、社区和机构等各类用户和各层信息平台的需求。

五、结束语

大力推广信息技术在养老服务行业的应用，缓解人口老龄化带来的各种社会问题，不仅有助于加快老龄服务业分类协同发展，而且在"互联网+"背景下，养老服务模式适应社会发展新常态、创造社会发展新引擎。同时，随着云计算、物联网和移动互联等信息技术的推广，为养老服务市场提供更加广阔的前景，实现不同层次的个性化需求，不断提升养老服务质量，创新养老服务模式和内容。

参考文献

［1］徐涵，姚进."互联网+"部际联席会议制度将建［N］.经济日报，2015-6-27（3）.

［2］丁朋.2015年第二届全国养老产业与职业教育高端对话活动在京举行［J］.中国民政，2015（24）：60.

［3］金易.人口老龄化背景下中国老年人力资源开发研究［D］.长春：吉林大学，2012.

［4］邹文君.社区综合养老服务体系之居家养老服务研究［D］.北京：中国社会科学院研究生院，2014.

［5］杨威，高文华.基于Android的智能家居终端设计与研究［J］.计算机技术与发展，2013，23（7）：245-248.

［6］石刚，李子平.社区智能养老服务系统构建研究［J］.电子政务，2015

(4)：82-89.

[7] 梁阳旭，董绍岩. 国家养老信息化共享云平台建设研究与探索[J]. 电子技术与软件工程，2015(9)：244-246.

[8] 席恒，任行，翟绍果. 智慧养老：以信息化技术创新养老服务[J]. 老龄科学研究，2014,2(7)：12-20.

[9] 宁家骏."互联网+"战略下的"信息惠民"顶层设计构想[J]. 电子政务，2016(1)：76-79.

[10] 赵炯. 基于云计算的养老服务信息化管理的探究[J]. 劳动保障世界，2015(S1)：162-164.

[11] 王洋. 我国养老"时间储蓄"服务研究[D]. 北京：北京交通大学，2012.

[12] 郭敏，周晓英，宋丹，等."互联网+"时代的我国医院微信信息服务研究[J]. 图书与情报，2015(4)：19-25.

(作者系北京青年政治学院信息化办公室副教授)

教育学

直面挑战 "翻转" 自我

——新教育范式下大学外语教师的机遇与挑战

程云艳

摘　要：本文借用翻转课堂的"翻转"概念，来探讨当前MOOCs（慕课）和翻转课堂语境下大学外语教师面临的机遇和挑战。教师应改变教学理念，提高外语教育技术素养，提升新范式下进行外语教学、课程设计和教学管理的能力，把自己从前台转到幕后、从主讲变为助学。面对新技术时代，重塑传统的教师形象和地位。

关键词：MOOCs　翻转课堂　大学英语教师　范式

一、MOOCs（慕课）及其影响

目前人们对于MOOCs（慕课）的关注程度越来越高。MOOCs是指大规模网络开放课程：Massive（大规模），Open（开放），Online（在线），Courses（课程）。根据Coursera网站（https：//www.coursera.org）的信息，该网站的70多个合作伙伴几乎囊括了美国著名大学，如耶鲁、斯坦福等。另外一个重要的MOOCs平台edX（https：//www.edx.org）的口号则是传播世界顶尖大学的优秀课程。这些事实说明，越来越多的人有机会接触原本遥不可及的高等教育，同时人们拥有更多的自由来决定自己什么时候学习，以什么方式学习，等等。试想，大学生在可以接触大量优质课程的前提下，还会特别在乎课堂的学习吗？据《纽约时报》2013年5月2日报道，美国圣何塞州立大学某课程教师尝试完全采用网上的优质慕课来代替亲自上课，竟然效果要更好。这样的消息一传出来，想必对于教师内心造成的恐慌一定是巨大的，自然也招致众多在校教师的反对。MOOCs的全面发展将对社会产生根本性的影响，一旦优质高等教育资源的开放超越大学校园，广泛覆盖全国和全球的每个角落，个人、家庭、企业、政府机构等都可以无限制享受最完善的知识、信息和技能培养，那么一个真正的学习型社会、知识社会就来临了。

在此形势下，MOOCs无疑也将极大地影响大学英语教学。2013年的数据表明：Coursera平台共提供12种语言的课程，其中91%是用英语讲授的课程，英语成为主要的学习工具在这里无疑得到很好的体现，大学生完全可以在关注某一知识点学习的同时提高自身的英语水平。我国著名教育学家陆有铨先生曾经说过，在教育技术日益现代化的当下，如果大学不能对大学生进行科学精神、民主精神、批判精神和理想人格的熏陶，那么学生就可以不用上大学，完全可以在家自学，可以研究并查阅资料、撰写论文等。❶ 随着手持移动终端设备越来越智能化，许多人开始将学习的课堂转移到手机上，下载大学授课视频，安装英语学习软件，随时随地进行学习。这种学习方式很好地利用了零散时间，提高了学习效率。与面授课程和基于电脑的网络课程相比，手机学习课程更"微小""即时"、注重情景化学习，让用户学起来更方便、轻松。调查也显示，有四成用户使用手机学习外语类知识。在这个意义上，大学英语教师更有可能面临课堂学生流失的危险。因此，"在迎接知识经济挑战的时代，以'接受'为价值定向的课堂教学模式必须转变为'创新'"。❷

二、MOOCs及翻转课堂对大学外语教师技能与素养的要求和挑战

我们生活在新媒体时代，数字化杂志、报纸、电视、电影、广

---

❶ 陆有铨. 教育是合作的艺术［M］. 北京：北京大学出版社，2012：71.
❷ 陆有铨. 教育是合作的艺术［M］. 北京：北京大学出版社，2012：94-100.

播、短信、桌面视窗、触摸媒体等，成为我们生活的组成部分，也为我们创设了一种全新的立体参与式媒介环境。尤其是具有操作系统的智能手机的出现，将手机在传媒及娱乐方面的优势发挥得淋漓尽致，博客、即时通信工具等互联网业务都将在手机媒体平台上得到充分实现，移动互联网在人们生活中将发挥越来越重要的作用。在使用手机上网的青少年网民中，在校大学生比例最高。列夫·马诺维奇（Lev Manovic）在其著名的《新媒体的语言》（*The Language of New Media*）一书中认为，新媒体具有的自动性和变化性为探索外语教学新模式提供了物质前提，同时也说明，我们已经具备了在以 MOOCs 和翻转课堂（flipped classroom）为代表的信息技术新范式下进行外语教学的基本条件。

　　MOOCs 的学习特点是交流呈现网状交叉、即时互动。网状交叉使得人群在学习中互相启发；即时互动则有利于记录人们转瞬即逝的灵感，并促进学生之间的思想碰撞，这种集体式、开放式、即时性的激发型互动学习能促进最终的集体增智。翻转课堂的特点是通过信息技术的辅助在课外完成知识传授，在课堂上通过讨论等完成知识内化过程。提前让学生看录像，然后在课堂上提问讨论，实施引领与督查，这看似解放了教师，其实不然。在后现代时代里，大学不再拥有知识传播的特权。在知识传播方面，现在有太多的竞争者。教师在很大程度上已经丧失了知识权威的地位，传统意义的授课很难为现在的学生所接受。菲尔·科恩（Phil Cohen）认为授课可能意味着：教师通过充满魅力地演示学习内容，再现维多利亚时代的遗风或文艺复兴时期博学之士的精神；也可能意味着"主动学习程序"中毫无个人感情色彩的信息传递。对于大多数大学英语教师来说，要做到前者是很困难的。而如果采取翻转课堂的形式，以优秀教师的讲授代替自己的课堂授课，是不是就轻松了呢？答案显然是否定的，若是丢掉了在讲台上的控制权，那么又应该如何与学生合作，达到良好的教学效果呢？尤其是有时面对学生的疑问甚至质疑，要做到心平气和地解答，对于教师来说，不能不说是一种挑战。

另外，对于现代教育信息技术的掌握，教师们永远落后于学生，因此如何保证学习过程各环节的衔接也是进行翻转课堂必须考虑的问题。举两个实例就可以说明英语教师面临的挑战。

实例1

学生提问：为什么 AA 制是 go Dutch？老师回答：曾经英荷两国长期的海上利益的争夺，使得英国人对荷兰人产生了偏见和蔑视，甚至有些习语含有侮辱和轻视的意味。还有比如"Dutch bargain"就是指"双方在酒桌上达成的交易"，"Dutch comfort"被认为是"退一步想时而得到的安慰"；Dutch concert（各唱各自调子的音乐会），in Dutch（处于困境），Dutch feast（宴席还没有散，客人还没有离开，可是主人却酩酊大醉了）……学生打断：那 guinea pig 跟 Dutch 有什么关系？老师：……

实例2

第一次上课后，教师要求同学们将自己的电子名片发送到指定邮箱，发现相当一部分同学都是发送了二维码。学生要求老师扫描二维码后获取自己的电子名片。

事实说明，若想翻转课堂，大学英语教师就需要更新自己的知识结构。学生早已经步入 Web 2.0 时代了，而教师还停留在 Web 1.0，结果就是师生彼此不兼容（not compatible）。这两者的差别就是：Web 1.0 突出获取信息，Web 2.0 则更注重用户的交互作用。如果英语教师还以为拿着 PPT 课件就能应付课堂的话，那么结果就是失去自己的学生。很多教育专家们都已经指出，网络的互动、开放和自由等特点使当代大学生养成了平等性、互动性的个性和人格，一味地灌输知识对他们来说无异于人格挑战。因此，如何改变教学理念，探索新的教学方式，积极跟上时代发展，是英语教师不得不面对的挑战。只有在 MOOCs 基础上不断改进导航与指导，创建与提供友好的在线学习工具（包括多媒体协同创建、虚拟现实情境、模拟实验等），才能有效提高学生的参与度、持久性，并配合以个性化学习模

式与即时评估,才能真正提高教育的质量。❶

三、在新教育范式下的大学英语教学改革

在 MOOCs 环境下的"翻转课堂"等新型教育形式,对广大英语教师是挑战,也应该是机遇。要想跟上时代的步伐,英语教师就应该改变教学理念,提高外语教育技术素养,提升在新范式下进行外语教学、课程设计和教学管理的能力。

1. 翻转自我,改变观念,认识到自己已经不是权威的知识源,网络已经成了学生们的知识外存空间

语言学习贵在实用,而不是像中药铺那样铺陈罗列,因为学生可以随时找到自己需要的资料。1921 年,爱因斯坦回答一些好奇的美国人的提问,其中一个问题是询问声速是多少,他直接回答不知道,并且补充说:"我不会让那些轻易在百科全书中找到的事实来占据我的记忆。"这种理念现在已经被"90 后"大学生们广泛接受和认可。教育应致力于帮助年轻人思考,为年轻人提供教科书难以提供的训练。批判性思维(Critical thinking)应该是教育的组成部分,如果所有大学英语教师都能认识到这一点,那么就不会将太多的时间用来讲解词汇和语法知识以及课文的背景知识等,而是将这些知识的课件或者是相关知识的网址告诉学生,在实施翻转课堂的同时,有效提高学生自主学习的能力。比如,某高校评选最受学生欢迎的十佳教师,其中 35 岁以下的青年教师 6 位,而他们的共同点就是反对知识灌输,注重和学生互动,尽力创设一种让学生愉悦的学习环境。其中一位老师的做法是:给新生上第一节课时,就尽量收集学生的信息,包括他们的 QQ、微信、爱好、目标等。在他的课上,学生只要认真听讲就行,从来不需要记笔记,因为老师已提前将笔记的电子版本发送给学生。结果发现,学生的创造能力和批判性思维

---

❶ 顾小清,胡艺龄,蔡慧英. MOOCs 的本土化诉求及其应对[J]. 远程教育杂志,2013,31(5):3-11.

能力远大于教师的预期。以课文 *A Good Heart to Lean On* 为例，虽然没有课堂的谆谆教导和循循善诱，结果却吃惊地发现，学生有的将故事改编为剧本并分角色表演出来，有的利用一款名叫 Crazy Talk 的软件，将这篇文章的朗诵变得可观赏起来。语言能力不能简单等同于对事实的记忆能力和对语言技能的实践能力，而是和谐调配的能力。

教育是伴着知识产生的，那么当知识内容变化的时候，教育就一定要适时做出调整。大学英语教师要承认自己的不足，我们完全可以和自己的学生们一起登录 Coursera 选择学习美国杜克大学的"英语写作Ⅰ：迈向专家"（English Composition Ⅰ：Achieving Expertise）作为自己课程的补充，然后讨论自己的收获与学习感受。这样平等的教学态度本身就是教学理念的转变。要允许学生对于自己的质疑，共同求证的态度除了表达包容的态度，还是"教学相长"的最好例证。信息革命的时代，知识无处不在。如何利用现代科技获取知识和相关信息，创设一个很好的生活社区并借助任务驱动教学方法来推动学生积极投入英语语言学习和运用的过程就成为大学英语教学改革的重点。改革往往意味着创新和某种舍弃，因此鼓励学生成为学习的主体，意味着教师不能如同以前那样去控制学生，而是应该给予他们一定的空间去表现自己。著名教育家陶行知曾经说过："要想学生好学，必须先生好学。唯有学而不厌的先生才能教出学而不厌的学生。"

2. 翻转角色，从单纯的知识传授者变为导学者、助学者、促学者、评学者，将传统的指令性教学变成建设性的学习服务

一是导学者角色。翻转课堂是一个构建深度知识的课堂，学生便是这个课堂的主角。翻转课堂突出面对面的学习与线上学习的结合。翻转课堂要求学生课前先在网上学习教师授课的内容，而课堂则用于提问，进行互动讨论。实践证明：这种教学方式能够最大化地利用最稀缺的教学资源，即时间，帮助后进生提高学习动机，通过合作学习缩小学生间的学习进度差异。由于课堂变成参与式，能

够有效地改变缺乏兴趣或跟不上进度的学生在课堂上的游离状态。❶教师应该对教学活动进行重新设计，通过让学生完成真实的任务来建构知识。因为授课时间的减少，就可以更多地参与学生的互动，或解答提问，或参与讨论，真正实现"因材施教"，实现个别化指导。

二是助学者角色。翻转课堂意味着教师要将课堂时间充分用来帮助学生内化知识，当学生需要指导的时候，教师便会向他们提供必要的支持。翻转课堂形成的教学模式"学生自主学习—发现问题—教师引导解决问题"要求教师要成为适时帮助解决问题的助学者。

三是促学者角色。学习是人类最有价值的活动之一，时间是所有学习活动最基本的要素。充足的时间与高效率的学习是提高学习成绩的关键因素。翻转课堂通过将"预习时间"最大化来完成对教与学时间的延长。其关键之处在于教师需要认真考虑如何利用课堂中的时间，来完成"课堂时间"的高效化。此外，教师角色的转变的直接结果是促进学生角色的转变。在技术支持下的协作学习环境中，学生需要根据学习内容反复地与同学、教师进行交互，以扩展和创造深度的知识。

四是评学者角色。在完成一个单元的学习后，教师要检查学生的知识掌握情况，给予及时的反馈，使学生清楚自己的学习情况。及时的评测还便于教师对课堂活动的设计做出及时调整，更好地促进学生的学习。教师在进行基于绩效的评价时，课堂中的交互性就会变得更加有效。根据教师的评价反馈，学生将更加客观地了解自己的学习情况，更好地控制自己的学习。

四、结语

语言的发展植根于社会的发展，与时俱进是语言教学工作者应

---

❶ 徐岚. 大学的教学创新：MOOCs 给我们的启示 [J]. 全球教育展望，2014，43（2）：72-81.

该具备的社会敏感性，与社会发展同步，就意味改革陈旧的教学方法。MOOCs 以及云计算、互联网、视频公开课、微课等为翻转课堂提供了丰富的资源，但是如果要熟练运用这些资源，适时与学生互动，教师就必须会运用一些提供技术支撑的平台、软件工具，比如课程管理系统、课件制作工具、插件工具、屏幕录放软件以及内容展示工具等。要想"翻转"课堂，教师就需要运用信息技术观看教学视频、文本、动画及图片，上网搜索相关资料，事先为学生提供丰富的纸质资料及多媒体资源，这就对教师的信息素养提出了极高要求。实施翻转课堂的教师就需要接受教育技术培训，学会娴熟地进行信息搜索、加工、操作、使用的基本技能，从而真正提高自身的信息素养及教育技术能力。

我们要根据 MOOCs 的特点，进行教学设计、开展教学团队建设。目前一些大学英语教师已经将自己的课程录像发布到网上，作为慕课参与者之后，老师们很快发现，自己不再是课程的唯一建设者，而是慕课团队的一员，是需要与技术员、传媒顾问、视觉专家等进行团队合作，才能制作出合格的慕课课程。从表面来看，教师讲授时间少了，好像上课轻松了，实际上与团队合作制作 MOOCs 课程，组织学生进行自主学习带来的压力要远大于原来传统的课堂讲授。翻转课堂还需要适时督查和教学评估。在这个意义上，教师们的地位更重要了。

一个显见的事实是：翻转课堂让教师逐渐摆脱了传统的一言堂局面，教学正朝着"教学相长"的方向积极发展。教师可以回看录像来观察学生的实际学习情况，就录像中的情况与学生交流，而不是单纯地依靠测验、考试或论文等传统评价模式对学生学习予以评价。MOOCs 让更多人有可能对一个教师的教学说三道四，促进教师更为清醒地认识自身的优缺点，这对教师能力的提高具有积极的推动作用。MOOCs 平台让更多的教师成为学习伙伴，没有了传统意义上课堂听课的种种不便，他们可以近距离地观察和评判，更好践行同行评审，最终促进教学水平的提高。

总之，面对慕课、翻转课堂等新兴教学媒体和课程及教育范式的冲击，如何迅速提高自我信息技术素养和能力，调整自我心态，转变自我角色，"翻转"教学理念和课程秩序，提升新范式下进行外语教学、课程设计和教学管理的能力，重塑大学外语教师的形象和地位，是我们不得不面对的新课题。

参考文献

[1] 安东尼·史密斯，弗兰克·韦伯斯. 后现代大学来临？[M]. 侯定凯，等译. 北京：北京大学出版社，2010.

[2] 顾小清，胡艺龄，蔡慧英. MOOCs 的本土化诉求及其应对 [J]. 远程教育杂志，2013，31（5）：3-11.

[3] 陆有铨. 教育是合作的艺术 [M]. 北京：北京大学出版社，2012.

[4] 马武林，李晓江. 国际 MOOCs 课程对我国大学英语后续课程建设的启示 [J]. 现代教育技术，2013，23（11）：85-89.

[5] 苏芃，罗燕. 技术神话还是教育革命？——MOOCs 对高等教育的冲击 [J]. 清华大学教育研究，2013，34（4）：6-12，21.

[6] 陶行知. 中国大众教育问题 [M]. 上海：上海大众文化社，1936.

[7] 田青毅，张小琴. 手机：个人移动新媒体 [M]. 北京：清华大学出版社，2009.

[8] 徐岚. 大学的教学创新：MOOCs 给我们的启示 [J]. 全球教育展望，2014，43（2）：72-81.

[9] 钟晓流，宋述强，焦丽珍. 信息化环境中基于翻转课堂理念的教学设计研究 [J]. 开放教育研究，2013，19（1）：58-64.

[10] MORRIS L V. MOOCs, emerging technologies, and quality [J]. Innovative Higher Education，2013，38（4）：251-252.

[11] FLORIDI L. E-ducation and the languages of information [J]. Philosophy & Technology，2013，26（3）：247-251.

（作者系北京青年政治学院国际学院副教授）

经济学

论民营银行制度设计

生 蕾 路运锋

摘 要：民营银行是由民营资本控股，完全按照商业化、市场化原则运作，依据我国《公司法》《商业银行法》规范设立，产权明晰、权责明确、政企分开、管理科学的现代股份制商业银行。鼓励发展民营银行，不仅能促进形成我国银行业的竞争格局，打破国有资本的金融垄断，还能倒逼大型银行提高经营效率、改善服务质量，最终形成多层次、高效率、充分竞争的金融体系，为经济平稳健康发展提供可持续的动力。所以，发展民营银行是当前我国金融体制改革的突破口。民营银行发展的关键是从制度建设入手，从顶层设计、治理结构和机制的建立等3个层面打造民营银行建设的制度基础。

关键词：民营银行 制度设计 机制打造

关于民营银行，目前学术界主要有4种不同的界定：一是产权结构论，认为民营银行就是由民间资本控股的银行；二是资产结构论，认为民营银行主要应当为民营企业服务；三是公司治理结构论，认为民营银行应该是"具有现代公司治理结构、以市场化机制来经营、并由民间资本控股的银行"；四是经营者身份论，认为根据经营者身份可将银行分为国有国营、民有国营、国有民营和民有民营，而民营银行包括国有民营和民有民营。我们认为，民营银行是由民营资本控股，完全按照商业化、从市场化原则运作，依据我国《公司法》《商业银行法》规范设立，产权明晰、权责明确、政企分开、管理科学的现代股份制商业银行。鼓励发展民营银行，不仅能促进形成我国银行业的竞争格局，打破国有资本的金融垄断，还能倒逼大型银行提高经营效率、改善服务质量，最终形成多层次、高效率、充分竞争的金融体系，为经济平稳健康发展提供可持续的动力。可以说，发展民营银行是当前我国金融体制改革的突破口。那么，如何发展？制度设计是关键。

一、民营银行顶层制度设计

（一）民营银行法律法规建设

按照我国《商业银行法》的规定，设立民营银行必须同时符合《公司法》的要求，在法律条文上对设立多元投资的民营银行并没有明确限制，只对申办个人独资银行有限制。但在具体申请设立银行审批时又设置了一些限定的条件，比如《商业银行法》第2章第12条，在规定了最低限额的注册资金和符合资格的高管人员后，增加了"中国人民银行审查设立申请时，应当考虑经济发展的需要和银行业竞争的状况"。这一条款在对发展民营商业银行又有了限制；再如，《国务院关于鼓励和引导民间投资健康发展的若干意见》（新36条）规定允许民间资金发起设立各类股份制的小型金融机构，然而在有关部门制定的具体实施细则中，规定了设立这些小型金融机构必须由法人银行控股15%，并作为主发起人，这明显与"新36条"规定不一致。因此，要发展民营银行，就必须结合我国改革和经济发展的实际对相关法规进行修改，明确规定民营资本可以参与设立商业银行的具体内容，必要时可先制定《民营银行管理条例》《民营银行登记与管理办法》等，明确民营银行定位，细化民营银行章程、注册资本门槛、发起人界定、股东要求、股本结构、营业范围和管理模式等，既保证构建市场化、多层次、优势互补的金融体系，又让民营银行始终不脱离健康的运行轨道。

（二）设计民营银行准入牌照制度

借鉴国外先进的监管制度，根据民营银行的情况如资信、资金实力和经营状况等确定不同的持牌等级，从而规定不同的经营范围。如第一级别的是全牌照、综合性的民营股份制商业银行，允许其在全国范围或省域范围设立分支机构，实行总分行制。能够办理中央银行和《商业银行法》规定的各项银行业务，既可以吸收存款，也可以发放贷款；既可以吸收企业存款，也可以吸收居民储蓄存款；既可以发起设立基金公司，也可以进行衍生品等其他金融创新业务。第二级别是有限牌照、单一性的民营商业银行，不设分支机构，实行单一银行制；第三级别为民营信用社等，不下设分支机构，实行单一银行制。

（三）完善民营银行监管体系

监管层需要确定监管权限及监管政策，例如是全国统一监管还是地方监管、是否联合相关部门制定倾斜或者差异化政策以及对关联交易如何规定、信息披露如何要求等。而民营银行多数会设立在竞争少且金融稀缺的基层，甚至是农村，这一发展格局，将会对我国现有的银行监管体制提出严峻的挑战。首先，银行业监督管理委员会的派出机构只设立至省会城市，对于基层民营银行的监管鞭长莫及；其次，人民银行虽然有基层的县域支行，但还不能覆盖乡村范围，加之人民银行的基层支行不能涉足地方金融管理事务，只能从事调控、汇兑、统计等工作；最后，地方金融管理办公室更多的是维护本土金融机构的利益，使其服务地方经济，其职能不是银行监管。因此，比较可行的办法是加大银行业监督管理委员会及地方银监局的监管职能，辅助增加和完善各地方金融办的监管职能，通过制度设计，明确各自的监管边界、监管内容及协同机制等，以此实现大银行和重大事项由银监局（委）决定，日常监管和小事项由地方金融办监管，二者信息联网，互通监管情况。出现金融风险，危及社会稳定时,由二者联合公安、工商等其他部门共同介入。除了确定监管主体及监管政策外,监管半径及监管程度如何把握也很关键。如对民营银行的股权结构、募股、扩股及股权转让等是否都要监管,以此防止股东互相串通,进行恶意收购。最后,还要考虑的问题是,民营银行的增多将会付出巨额的监管成本以及如何处理好监管与效率的关系。

(四) 建立民营银行的风险防范机制

民营银行的经营风险不容忽视。银行与一般企业有很大的不同,银行是靠负债经营,因此其破产倒闭会关系到整个社会经济的稳定,关系到人民群众的切身利益。笔者认为,有必要对新设民营银行实行资本充足率下降至一定水平即触发接管程序等进行规定。此外,对民营银行潜在的经营风险和道德风险,也有必要实行更为严格的信息披露制度。对民营银行股东特别是大股东的关联交易,必须采取严格的措施以及强制性的对外信息披露,约束大股东行为,保护储户和其他投资人等利益相关者利益。

(五) 建立存款保险制度

对于可能发生的金融风险,可以考虑实行民营银行"风险自担"机制,将风险局限在民营资本范畴内。但对存款人利益的保护,就需要存款保险制度来安排。存款保险制度有处置金融风险、维护金融稳定的职能,也是金融监管体系的重要组成部分。民营银行通过向存款保险机构缴纳一定保险金,一方面增强其客户信赖度,另一方面,当发生危机时,可以由存款保险机构通过资金援助等方式来保障其清偿能力。世界各国银行业发展的经验证明,存款保险制度是银行业发展的保护伞,没有存款保险制度,就没有健康的银行业发展,尤其是没有中小商业银行的发展,因为银行存款保险制度为民营银行创造了良好的信用基础,使得它们可以在同一条起跑线上和其他国有、外资等大型商业银行竞争。因此,我们要加快建立银行存款保险制度，为民营商业银行的健康发展创造条件。

（六）建立健全全社会的信用评级体系

信用制度和法律制度是市场经济良性发展的基础，建立国内统一、公开、有效的企业与个人信用评级制度和评估体系是民营银行展业的基础，也是其持续健康发展的基础条件。

（七）支持中小商业银行的民营化改革

逐步改善中小商业银行的股权结构，使其向民营化、股份制方向发展，是民营银行存量改革的方向。相比新设、新增民营银行，支持具备条件的中小股份制商业银行、村镇银行、农村信用社实行民营化改革，是发展我国民营银行最有效也是重要的途径之一。股份制商业银行和城市商业银行通过上市募集社会资本，提高民营化比重；农村信用社通过吸收民营资本，优化股权结构，逐步向民营化方向发展，既有利于壮大经营实力，防范金融风险，提高金融服务水平，更好地为"三农"服务，为中小企业服务，也有利于优化银行业结构，促进银行业的竞争和快速发展。

二、民营银行治理结构设计

在民营银行具体的股权结构设计上，学术界对民营银行的股权是集中还是分散，尚未形成一致意见。2003年，民营银行的积极发起者——长城金融研究所徐滇庆教授组织了5家民营银行：沈阳瑞丰银行、广东南华银行、深圳民华银行、江苏江阴银行、西安长城银行进行试点。在这5家试点民营银行中，股权设计出现了两极化倾向。例如，广东南华银行方案设计中，大股东志高空调控股50%，另外两个股东则分别持股30%和20%；而江苏江阴银行、深圳民华银行的方案设计中，单一股东持股最多不超过15%和18%；西安长城银行更是力主股权高度分散，每一股东持股比例都在10%以下。经济学家林毅夫等专家支持民营银行股权相对集中,而持不同意见的樊纲等人认为,目前从国际潮流看都要求商业银行股权相对分散,民营银行过于集中的股权设计,未必能获得监管层的认同。

我们认为,股权是集中还是分散不是问题的关键,关键在于是否能够建立起规范的法人治理结构和管理科学、激励与约束相结合的运行机制。从理论上讲,一个优化的民营银行股权结构设计,应该是既有利于防止股权过分集中,导致大股东操控,损害中小股东利益,又有利于防止股权过度分散,弱化股东的监督约束功能和决策效率。同时,优化的股东结构还要有利于股东之间的优势互补、资源共享,并保持合理的比例。从发达市场经济国家商业银行股权结构来看,个人持有的股票数量占到80%,机构投资者的持有量约占10%。美国上市银行的股权结构中,机构投资者占30%~70%,其余为投资散户。从一些新兴市场经济的国家的情况来看,尽管有政府参股的上市银行,但其控制权一般都低于50%。

建立和规范董事会的运行机制是提高银行治理效率的关键环节。一是要规范董事会成员的提名和选聘程序,确保董事会成员合理的专业结构和年龄结构,实行专家治理和适当的分工合作,完善董事会内部专业委员会运作;二是要保持董事会的独立性,建立独立董事制度,维护中小股东利益;三是要明确董事会的职责权限,建立对执行董事的考核评价与奖惩机制;四是完善董事会工作制度,明确董事会决策程序,提高决策效率,并履行好信息披露。

建立以业绩为导向的激励与约束机制。国际上成功的公司治理结构,大都在于建立了对经营管理者的长期激励机制,将管理者的利益与所有者的利益统一起来,最大限度地调动业务骨干与经营管理人才的积极性。按照能上能下、能进能出、分配与绩效挂钩的原则,建立市场化的用人制度和灵活高效的激励约束机制,实行严格的考核评价和奖惩制度,以吸引人才和留住人才。在民营银行设立、股份制改造及上市过程中,可给予管理层股票或股票期权,以股权激励方式使其自身利益与股东利益挂钩,与企业的长期发展结合起来。

加强内控制度建设是民营银行风险控制的主要手段。民营银行在创建过程中,除了要严格按照有关金融法规的规定设计内控制度外,还要使内控制度真正满足自身风险控制的实际需要。要根据银行风险的内部传递及外部扩散的特点,在内控制度建设上对风险进行系统管理,把握银行总体的风险程度;要将内部控制与外部监督结合起来;要以制度保障与指标控制相结合来控制风险,即控制风险还需要有严格的数量指标来衡量,如资本充足率、资产负债比例等指标。

提高公司运作透明度,强化信息披露,是衡量公司治理水平的重要标准,也是将民营银行置于阳光下监管的最有效手段。一是要逐步扩大信息披露的数量,主要包括财务会计信息、审计监督信息和股东变更、资产重组等信息;二是要逐步提高信息披露的质量,所披露的信息应该真实、准确、完整、及时,并逐步采用国际会计准则等。

三、打造灵活的经营机制

治理结构是躯体,运作机制是灵魂。建立和完善权责明确、管理科学、激励与约束相结合的运行机制是民营银行经营管理制度设计的核心内容,也是未来相当长时间内需要不断努力完善的方向。具体设计时,重点要考虑:

(1)主要服务于地域性中小企业的市场定位。在我国金融市场相当长的一段时间内,外资银行主要抓的仍是外资、中外合资、外向型企业,以及高价值的个人客户,而几大国有商业银行为了增强市场竞争力、降低不良贷款比率,则会将业务经营目标锁定在现有客户群体的结构优化和服务升级上,对于在竞争极为激烈的金融市场"夹缝"中求生存的民营银行而言,中小型企业客户是民营银行最初设立和运营首要争取的客户目标,也是民营银行获取利润的最佳空间，尤其是那些具有良好发展前景、诚信度高、了解较为充分的企业客户。因此，民营银行的市场定位主要是服务地域性的中小企业，其发展战略应侧重于以小求大，以点求面，以稳求进。

（2）树立"五种意识"，增强市场反应能力。牢固树立客户意识、责任意识、风险意识、合规意识、人才意识，一切以市场为导向，以满足客户多样化需求为目标，科学设计业务流程，健全规章管理制度，在控制风险的前提下，尽可能减少管理层级，提高管理效力，增强市场反应能力。

（3）不断推动产品创新与服务创新。金融创新是银行经营的制胜法宝。我国目前的商业银行创新基本由后台发起，以传统业务为主，产品创新规模小、技术含量低、时效性和针对性差。因此，民营银行要充分发挥贴近客户、机制灵活的优势，立足市场前端搞产品和服务创新；要充分发挥一线客户经理在创新中的源头作用，使客户经理成为新产品需求的信息收集者和产品创造者；要建立和完善产品和服务创新的考核评价与激励机制，始终保持产品和服务创新的动力和活力。

（4）加强企业文化建设，提高人力资源管理水平。要通过文化建设和人力资源管理，引进和培养精通国际国内经济金融规则的高精尖人才，加强和国内外同行的交流和互动，通过向同行学习、向专家请教，不断提高全员业务素质，增强市场竞争能力。

参考文献

［1］徐滇庆. 金融改革路在何方：民营银行200问［M］. 北京：北京大学出版社，2002.

［2］杨井鑫. 银行业民营化起步 董文标建议地方政府逐渐"退出"［EB/OL］.（2013-07-28）［2015-03-11］. http：//www.nbd.com.cn/articles/2013-07-28/761730.html.

［3］赵鹏飞. 民营银行将改写金融版图？国有行独大有望改观［N］. 人民日报

海外版, 2013 – 09 – 20.

[4] 王元龙. 股份制改造重构国有银行股权结构[EB/OL]. (2001 – 03 – 15) [2015 – 01 – 16]. http：//www. People. com. cn/GB/jinji/34/165/20010315/418073. html.

[5] 王汀汀. 民营企业发展中的金融支持分析[J]. 金融与经济, 2002（8）：14 – 16.

（作者：生蕾系北京青年政治学院现代管理学院教授，路运锋系河南建业投资控股有限公司研究员）

管理学

北京智慧城市发展现状与建设对策研究

王红霞

摘　要：随着北京市流动人口、常住人口的增加、机动车保有量的持续高速增长，交通拥堵、景区超载、资源短缺等一系列"城市病"对北京城市发展的阻滞作用越来越明显。为了更好地解决这些问题并全面提升政府的社会管理水平，解决社会问题，缓解社会矛盾，本文对智慧城市的内涵与外延进行深刻剖析，并借鉴国内外智慧城市建设与管理经验，对北京智慧城市建设现状进行梳理，对未来发展趋势进行预测，以期为北京的城市规划、交通疏导、资源配置、人口管理、政策制定等政府管理行为提供决策支持。针对不同侧重点、不同视角提出合理的管理措施与策略建议，希望能在一定程度上促进北京的智慧城市建设进程更加科学、合理、规范。

关键词：北京　智慧城市　内涵与外延　政府管理

一、引言

智慧城市（Smart City），是新一轮信息技术变革的产物，是信息资源日益成为重要生产要素和信息化向更高阶段发展的表现。它以互联网、物联网、无线宽带、云计算、大数据等新技术为基础，更加广泛深入地推进基础型与应用型信息系统开发建设和各类信息资源的开发利用，形成技术集成、高端发展、综合应用的现代化、信息化、智能化城市。为城市规划、建设、调控、预测提供了革命性的手段，具有广阔的发展前景。自2008年IBM首次提出"智慧地球"（Smart Earth）这一概念以来，国外许多城市都在进行智慧城市建设的筹划与尝试，有相当一部分城市已经开始实施示范性工程。我国已有北京、上海、无锡、宁波、广州、沈阳、南京、西安、重庆等近百个地区提出要建设智慧城市。

北京作为我国的首府，正在快速赶超纽约、伦敦、巴黎等国际大都市。随着其人口及流动人口的增长、机动车辆的增加、人们精神文化生活的日益丰富、自然灾害及突发事件的上涨，北京的交通、旅游、安防等方面的负荷也在急剧增加。社会各界、政府及各部门对北京的城市住房规划、城市交通管理、城市旅游数据分析、城市人口流量统计、城市安全防范等工作都提出了更高的要求。因此，研究北京智慧城市发展现状与建设对策具有重要的现实意义。

二、智慧城市的内涵

城市是人类生活和生产的主要场所之一，相对于农村的农田聚集、农业耕作、人口稀疏而言，城市则以工业生产为主，且人口密集，一般包括生活区、生产区和商业区等，并且具有行政区域管辖功能。中国《城市规划法》第三条规定："本法所称城市，是指国家按行政建制设立的直辖市、市、镇。"城市的出现，是人类走向更加成熟、文明的标志，也是人类群居生活的更高级形式。随着经济的发展和人口的增长，城市数量越来越多，规模越来越大，功能越来越强，城市被赋予了更多的政治、经济和文化意义。任何事物发展到一定的阶段都会遇到问题，城市也不例外。目前，城市——尤其是大中型城市——正面临着日益严重的城市病，如人口膨胀、资源短缺、交通拥堵、环境污染、突发事件等。为了解决这些问题，以新一代物联网、云计算、大数据等信息技术为依托的"智慧城市"应运而生。智慧城市是城市发展的高级阶段，对当前城市发展过程中所遇到的各种棘手问题具有一定的缓解作用，并期望利用高级技术和管理能力创建宽带泛在、智能融合、协同创新的高级智能城市新形态，从而为人类创造更加美好的城市生活。

IBM 于 2008 年 11 月提出了"智慧地球"一词，此概念的核心是"Smart"，强调灵敏、快速的反应能力。这一理念一经提出立刻引起了全世界的关注。IBM 对"智慧城市"的定义为：运用信息和通信技术手段感测、分析、整合城市运行核心系统的各项关键信息，从而对包括民生、环境、公共安全、城市服务、工商业活动等在内的各种需求做出智能响应。IBM 对智慧城市定义的实质是用先进的信息技术，实现城市智能化管理和运行，从而为市民创造更舒适的环境、更幸福的生活，最终促进城市可持续发展的和谐生态。智慧城市是智慧地球的体现形式，是数字城市的建设延续，也是城市信息化发展到更高阶段的必然产物。"智慧城市"的内涵很广泛，至少包括三大网络[1]：一是物质网络，以物联网为代表；二是信息网络，以"云计算"为代表；三是能量网络，以"智能电网"为代表。"智慧城市"的关键包括对互联网技术、传感器技术、智能信息处理技术等的高度集成，其大规模应用将成为未来城市及城镇发展的新的经济增长点，也有利于政府管理、企业运营、人们工作效率和生活水平的提高。

智慧城市建设需要利用国家公用信息网络平台，以现代信息技术为基础，建成一个集城市规划、建设、管理和服务于一体的智能化信息系统，实现信息共享与应用，为政府、企业、公众提供及时、有效且准确的服务。狭义的智慧城市建设主要指利用地理信息系统（GIS）、全球定位系统（GPS）、遥感技术（RS）等进行城市管理和服务。而广义的智慧城市建设则认为信息基础设施建设是最重要的，这包括两个方面：一是"硬件"，即网络与通信基础设施；二是"软件"，即数据基础设施。它们作为智慧城市的基础，对北京智慧城市建设是至关重要的。北京的网络通信基础设施已很完善成熟，因此需要重点建设数据基础设施。而目前北京智慧城市建设过程中

---

[1] 张永民，杜忠潮. 我国智慧城市建设的现状及思考［J］. 中国信息界，2011（2）：28–32.

最突出的问题恰是某些项目没有数据或没有准确的数据,这就使得智慧城市某些领域的建设工作缺乏最基本的前提和基础。

三、智慧城市的特征

利用信息通信技术,使城市变得更加智慧,移除城市发展障碍,提高城市竞争力,已经成为越来越多城市的共同目标,因此智慧城市的理念应运而生。智慧城市是指在城市运行和发展的各个环节,充分利用信息感知、通讯网络、数据活化等各种信息通信技术,使城市管理更加科学,使市民生活更加美好,使经济发展更加具有竞争力。信息通信技术仅是一种手段,改善城市运行管理,提高群众生活水平以及城市对企业的吸引力是智慧城市发展的真正目标。智慧城市具有包括全面感知、科学控制、广泛联通、深度应用、充分整合、灵活互动等在内的重要特征。❶ 具体如下。

(一)信息的全面感知

智慧城市利用各类随时随地的硬件感知设备和智能化系统,通过传感器技术,实现城市全方位的监测和各方面的感知。通过传感设备智能识别、立体感知城市的位置、人口、环境、状态等信息的变化,并对感知到的信息进行数据提取、融合、分析和处理,并能与交通、医疗、安全等具体的业务流程进行智能化集成,从而能及时主动做出响应,保证城市各个关键系统能够高效地运行,维持城市和谐和人民幸福。通过把各种终端设备、传感器和网络连接在一起,在运行、服务中捕获到多种信息元数据,包括行业运行数据、上下文感知数据、服务过程数据和用户特征数据,形成大数据资源。

---

❶ 陆伟良,周海新,陆侃. 感知智慧城市概论——智慧城市学习体会[J]. 智能建筑与城市信息,2012(6):28-36.

(二) 宽带泛在、海量数据

当今有线宽带和无线网络技术的快速发展为城市中物与物、人与物、人与人之间的全面互联、互通，为城市各类随时、随地、随需的应用提供了最基础的硬件保证。宽带泛在网络作为智慧城市的神经网络系统，极大地增强了智慧城市作为自适应系统的数据获取、信息融合、及时反馈的实时智能服务的能力。同时，还具有如下几类海量数据：①具备 P 级的多部门、多行业异构数据的存储；②实现海量数据并行计算与分布式处理；③构建基于人工智能的数据分析和知识管理的智能应用。[1]

(三) 智能信息融合管理

现代新型城市及其管理是一类复杂的开放系统，新一代物联网技术的应用更增加了城市的海量数据。基于云计算和大数据，通过智能融合技术的应用实现对海量数据的存储、计算与分析，并通过人类的参与和主导，大大提升智慧城市的系统决策支持能力。基于云计算、大数据和物联网技术的融合与发展还将进一步推动"云"与"端"的结合，"线上"与"线下"的结合，推动实现智能融合，形成支撑智慧城市的智能行业应用，建立面向用户服务的智慧城市综合应用的公共管理平台。通过网络提供普适、智能的应用与服务，形成良好的互联网生态环境，进一步彰显"互联网+"在智慧城市建设中的力量。

(四) 可持续创新

面向知识社会和工业 4.0 的下一代创新技术重新塑造了现代科技以人为本的内涵，也重新定义了创新中用户的角色、应用的价值、

---

[1] 陆伟良，周海新，陆侃. 感知智慧城市概论——智慧城市学习体会 [J]. 智能建筑与城市信息，2012 (6)：28-36.

协同的内涵和大众的力量。智慧城市的建设尤其注重以人为本、民众参与和社会协同的开放创新空间的塑造以及公共价值与独特价值的创造。注重从民众的个人需求出发,并通过微博、微信、QQ等各种网络工具和媒体提升用户参与度,凝聚公众智慧,不断完善大众创新、万众创业的经济新常态,最终实现智慧城市的经济、环境和人文的协调可持续发展。

四、北京智慧城市建设现状及发展趋势分析

在我国智慧城市的建设进程中,起主导作用的是当地政府,与此同时,电信企业、科研机构及高等院校等也都积极参与到智慧城市的建设进程中。另外,要避免将北京"智慧城市"建成普通意义上的"信息化城市"。从整体上看,北京智慧城市建设与国内外大城市进展相似,同样处在理论与技术研究及应用提升的建设阶段,依照政府顶层设计,逐项展开。政府及时出台信息政策作为长期有效指导,以防止重复建设、投资浪费等现象的发生。北京市在智慧城市建设中,按照《国民经济和社会发展第十二个五年规划纲要》和《"十二五"时期城市信息化及重大信息基础设施建设规划》明确的"智慧城市"建设中长期发展目标,制定了《智慧北京行动纲要(2011—2015)》,以专项规划的形式对智慧城市建设进行专项部署实施;并在2013年北京市政府工作报告中,再一次对智慧城市具体工作进行了细化,层次分明、抽丝剥茧地推动智慧城市的各项工作开展。❶ 目前的相关研究主要集中在以下两大方面。

(一)宏观理论方面:关于智慧城市阐释的研究

在宏观上,国内外相关专家或研究组织虽然从不同角度对智慧城市进行定义阐释,但其核心内容基本包括网络、信息、生活及服

---

❶ 张少彤,王芳,王理达. 智慧城市的发展特点与趋势[J]. 电子政务,2013(4):2-9.

务等几个方面。国家信息中心信息化研究部主任单志广等提出：智慧城市是一个多学科交叉、多领域融合的综合性学科，相关工作涉及的内涵和外延都非常广；在智慧城市建设的过程中，数据科学与技术发挥着不可替代的重要作用。❶吴胜武等在《智慧城市：技术推动和谐》一书中将智慧城市建设主要应用领域分为智慧政府、智慧医疗、智慧教育、智慧交通、智慧安全、智慧能源、智慧企业、智慧社区、智慧公共服务、智慧物流等十个领域。杨冰之等对智慧城市概念进行梳理后，把当前关于智慧城市的阐述分为"技术论""应用论"和"系统论"三类。吴余龙等则根据提出概念的人员的职业，将其对智慧城市概念的阐述分为企业人员和专家学者两类。对智慧城市的定义和内涵解析，目前不同的群体从不同的评价标准及不同的战略意义等各种角度出发对此进行了不同的分析和解读，因此给出的定义也各不相同。期望在未来智慧城市的探索、发展中这些定义逐步走向趋同与融合。

（二）微观应用方面：关于智慧城市信息化方面的研究

国内外关于智慧城市信息化方面的研究主要集中在地理信息化、交通信息化、信息资源共享及服务平台建设等方面。但是由于缺乏基础数据信息，因此目前北京对智慧城市的研究大都是针对某个方面的研究；另外，导航与位置服务等相关的精确智慧项目还没有完全成熟，部分仍停留在"信息化"的层面。2012年初中国智慧城市大会上成思危先生提出了智慧城市要"量力而行，尽力而为，突出重点，讲求实效"的十六字方针，再次强调了智慧城市科学、冷静、务实发展的重要性。避免盲目跟风及搬弄与追求浮华名词而无实质内涵；既要强调学习国外经验、共赢合作，更要强调紧密结合本地实际，科学思考与创新，防止不合理地过度依赖跨国公司来建设中

---

❶ 王静远，李超，熊璋，等. 以数据为中心的智慧城市研究综述［J］. 计算机研究与发展，2014，51（2）：239-259.

国智慧城市。[1]

就现有的研究而言,有以下三个方面亟待深化:

(1) 对"智慧城市"认识的转变。当前,我国智慧城市建设处于初期阶段,有些人简单地认为智慧城市就是城市的信息化,是数字城市。现在看来,这样的说法是不完整的。因为信息可以包括很宽的范围和内容,例如新闻、消息等,而数字或数据则是一种可量化的信息,它可以更直接、准确地表现出事物的特征和本质。实际上,智慧城市并不完全等同于城市的信息化,而是城市信息化中一个非常重要的方面和更高的发展阶段。人们生活在一个城市中,有广播听、有电视看、有电话打、有网络通,可以说这个城市看起来已经信息化了,但实际上以上几个方面只是建立了一定的基础,真正重要的、更实质性的则是支持智慧的数据。智慧城市是以新一代信息技术,如云计算、物联网、大数据等的广泛应用为前提的。但技术越先进、应用越广泛并不能直接等同于城市越智慧,就像一个人可能拥有许多知识但不一定具有智慧一样,因此判断一个城市的智慧水平不能单纯地看其技术设施的先进程度就得出结论。智慧城市的信息化工程建设是实现智慧城市的物质载体,但信息化工程只是智慧城市建设的一个方面,其具有阶段性的特征,建设与信息社会发展相适应的新型创新机制,调动与激发整个城市的创造能力,是保障智慧城市建设的长效机制。

(2) 明确"智慧城市"建设的基石。纽约一家网站的首页写到"人类历史上最早的一批城市都诞生在河边,河流为人类提供了食物、水和交通。而我们要做的,就是创造一条数据的河流,来滋养信息经济的发展。"这句标语艺术性地指出了数据在社会、经济和科技发展中的重要作用。在智慧城市建设过程中,数据是实现对社会信息不断深度挖掘、创造性地应用和创新的根本。何廷润指出,在基础体系架构研究中,多是以智慧城市实现的功能为中心,相对忽

---

[1] 陈如明. 智慧城市定义与内涵解析 [J]. 移动通信,2013,37 (Z1):5-9.

略了智慧城市数据及信息的特征和作用,缺乏智慧城市在数据生成、交互、挖掘与融合等环境中的基础架构分析;他认为数据生成、交互、挖掘与融合,是智慧城市存在的基本元素之一。❶目前,有些项目由于缺乏精确数据,因此,还停留在狭义上、较具体层面的智慧城市信息化项目建设。而数据恰是政府各部门进行更有效工作的基石,是社会各界进行自组织活动的凭据,是城市管理水平整体提高的保障。例如,对城市的人口数量、分布、流动性等要素数据进行分析预测,可以为城市规划、交通管理、资源配备、外来人口疏导、突发事件预案、安防体系建设等政府管理行为提供决策支持。

五、北京智慧城市建设对策

时任北京市经济和信息化委员会副主任童腾飞曾说:与国内其他城市相比,北京作为首都,在发展智慧城市建设方面主要有四点优势:一是发展基础良好;二是信息化组织管理体系健全;三是重大活动保障任务为北京市提供了发展平台;四是信息技术优势明显。目前,"智慧北京"建设已经在城市智能运行、市民数字生活、企业网络运营、政府整合服务、基础设施提升、共用平台建设、应用与产业对接、创新发展环境等方面取得了阶段性进展。智慧城市建设是一个渐进的过程,既可以全面推进,也可以重点突破,但都不可能一蹴而就,北京也一直在探索中前进和发展。通过对智慧城市建设的理论研究和相关城市实践调查的经验,作者认为在北京智慧城市建设过程中可以采取以下一些措施。

(一)加强顶层设计

《中国智慧城市发展评价与研究报告(2012)》显示,在全国智慧城市建设的浪潮中,很多城市的智慧城市建设存在一定程度的盲

---

❶ 何廷润. 以数据为中心的智慧城市信息体系架构研究[J]. 移动通信,2013,37(Z1):13-17.

目性，建设压力与投资风险并存。某些城市对智慧城市建设期望过高，很多项目未经统一规划和可行性论证就仓促上马，城市基础设施条件与智慧城市发展规划脱节，导致项目难以实质落地，造成资源浪费和效率低下。北京是一座世界级的大都市，地域广、市民多，因此应按照重点领域、区县和部门分层开展，通过顶层设计梳理各区县的信息化发展现状，了解信息化发展需求；基于各区县、社区、街道在区域经济和社会发展格局中的总体定位，对北京智慧城市建设进行统筹规划和顶层设计，并制定符合实际的智慧城市发展战略，确保各个智慧城市项目的有效可行。

（二）全面开放数据

涂子沛在《大数据》一书中，以美国的数据管理发展历程作为主体，讲述了美国数据方面的立法、数据可视化的发展方向和数据管理面临的困局等；并结合美国政治和经济发展历史，介绍了美国数据开放和管理的斗争过程、成功经验。从数据到管理，这对北京智慧城市建设的启示作用非常明显，全面开放数据平台迫在眉睫。把数据放在开放平台上，人们可以各取所需，并能进行深度挖掘，把孤立的数据变成相互关联的有用信息，更多有效信息的传播将使社会更加高效、智慧。推进智慧城市建设，要把握促进数据融合、信息共享和业务协同的本质要求，不断完善信息资源的共享机制，建立和完善城市各部门、各行业的信息资源共享设施和共享机制；要有序推动重点领域信息资源开放，深化数据信息资源的开放利用，鼓励发展以信息知识加工和创新为主的新型服务，推动信息和知识向产品和服务资产和效益转化。只有开放才能融合，因为在一个开放的生态系统里，跨界才能找到一些和外界其他要素之间的共通点，北京智慧城市建设在大量开放数据的基础上必将全面铺开。

（三）保障信息安全

在智慧城市建设过程中，将对各行各业各类的数据资源进行收集汇总并充分共享,这在为各个智慧项目顺利开展提供便利的同时也带来了数据信息安全风险。因此必须强化安全意识,建立信息安全体系,优化信息安全组织和队伍,充分考虑可能受到的意外干扰或有意攻击等因素,查找智慧城市系统可能存在的安全漏洞,寻求解决对应安全问题的有效方案,实现对信息安全的全方面管理和多领域应用。以信息安全制度作保障,利用先进的安全技术作为支撑,例如完善信息安全加固和容灾备灾系统,从而保证城市信息的安全可靠。

健全的法律法规对于智慧城市的安全建设是必不可少的,可以把法律法规看作是在智慧城市建设过程中的安全屏障。在信息技术高速发展的今天,世界越来越多元化,人们会从不同的角度、抱着不同的目的来看待某一现象,因此会有各种不同的解决问题的方式。如果单从技术层面来约束人们的行为,通常只能暂时解决表面问题,而无法从长远和全面的角度来对人们的行为进行限制。只有运用法律的强制性、普遍性等特征才能保障在智慧城市的建设和运营过程中市民和企业的合法权益不受侵害。因此,完善的法律法规是智慧城市建设进程中一个非常关键的安全保障。

(四)重视人才培养

智慧城市建设过程中各种高端的技术与产品日新月异,而高科技人才的培养和储备对智慧城市的建设必不可少。北京作为全国的首都,可以利用相关有利政策在人才引进、教育培训、要素保障与公共服务等方面加大整合提升力度。在人才政策方面,应在人才引进、项目支持、创新奖励、生活办公等方面出台更有竞争力的鼓励政策;在教育培训方面,着力建设以优秀大学和科研机构为主体的高端人才平台,采取校企合作的模式开展产学研一条龙人才培养;在要素保障与公共服务方面,大力发展科技创业产业园和创业投资机构等,为智慧城市的建设提供重要的研发资金支持、合理政策保障、优秀成果转化等支撑服务。如此,北京智慧城市的建设将会吸引更多创新型人才与公司的聚集,有助于进一步提升城市的综合竞争力。这种"聚集效应"在某种程度上决定了不同城市在原有或者新兴产业链条上的位置,这也是竞争力较为直接的体现。❶ 北京应不断发挥高科技企业和科研机构、院校合作的优势,发挥高科技人才集聚的优势,发挥政策、环境和人文优势,加快智慧城市建设的步伐。

六、结语

随着信息基础设施的日益成熟,人们对城市智能化程度的要求越来越高,建设智慧城市是未来社会的发展潮流。北京作为全国的首都,作为中国信息化程度最高的城市,作为一座国际型的大都市,其智慧程度在提升城市综合实力及国际竞争力方面都起着举足轻重的作用。智慧城市建设能为北京的可持续发展和科学管理调控提供了强有力的平台。本文在查阅相关文献的基础上进行梳理,明确"智慧城市建设"的内涵、外延和特征;对北京智慧城市建设的现状和将来发展趋势进行预测。期望随着北京智慧城市建设进程的加快,能在一定程度上缓解北京建筑稠密、交通阻塞、景区超载、资源短缺等一系列"城市病",并及时有效地杜绝群体性事件的发生,更加坚定地屹立于世界之巅,引领智慧城市建设潮流。

参考文献

[1] 吴胜武,闫国庆. 智慧城市:技术推动和谐 [M]. 杭州:浙江大学出版社,2010.

[2] 杨冰之,郑爱军. 智慧城市发展手册 [M]. 北京:机械工业出版社,2012.

[3] 吴余龙,艾浩军. 智慧城市:物联网背景下的现代城市建设之道 [M]. 北京:电子工业出版社,2011.

[4] 陈如明. 智慧城市定义与内涵解析 [J]. 移动通信,2013,37 (Z1):5-9.

---

❶ 王广斌,崔庆宏. 欧洲智慧城市建设案例研究:内容、问题及启示 [J]. 中国科技论坛,2013 (7):123-128.

［5］何廷润. 以数据为中心的智慧城市信息体系架构研究［J］. 移动通信，2013，37（Z1）：13－17.

［6］涂子沛. 大数据［M］. 桂林：广西师范大学出版社，2012.

［7］单志广. 我国智慧城市的发展思路与推进策略［J］. 办公自动化，2013，（18）：9－12.

［8］马化腾. 互联网＋：国家战略行动路线图［M］. 北京：中信出版社，2015.

（作者系北京青年政治学院信息传媒艺术学院教授）

新时代对风险导向下高校内审工作的思考

段凤霞

摘　要：党的十九大报告再次强调了"把权力关进制度的笼子",健全党和国家监督体系作为中国特色社会主义进入新时代的重要标志之一,为当前和今后一个时期内部审计的发展指明了方向。本文从高校内部审计工作风险导向的新认识入手,就风险导向下高校内部审计呈现出的新特点、新判断和新问题进行了较为系统的分析,并在此基础上提出了风险导向下内部审计树立全局性长远性战略思维,突出行为管理向文化管理转变,通过构建大数据背景下审计分析云系统框架,优化审计环境促进高校治理等新的要求。

关键词：风险导向　内部审计　高校治理　监督体系

党的十九大确立了中国特色社会主义进入新时代,从健全党和国家监督体系的高度提出"改革审计管理体制",强调构建"党统一指挥、全面覆盖、权威高效的监督体系"。2018年3月,中共中央印发《深化党和国家机构改革方案》,组建中央审计委员会,这对增强审计监督效能,推进国家治理体系和治理能力现代化具有重要的现实意义,也对风险导向下内部审计工作提出了新要求。确保了审计监督在党的集中统一领导下,切实践行审计工作实现全覆盖。对强化审计监督的独立性、权威性在组织机构上提供了根本保障。把党内监督同国家机关监督、民主监督、司法监督、群众监督、舆论监督贯通起来,增强监督合力,同时也为当前和今后一个时期内部审计的发展指明了工作方向。

一、新时代内审工作风险导向的新认识

党的十九大报告再次强调的"把权力关进制度的笼子"是防范风险的有效也是最终的手段。所谓风险导向就是在相应的环境、目标的期望值约束下,一定时期内的预期结果与实际执行效果间的差异。差异越大风险越大,反之,风险越小。风险导向就是以减少这种差异为工作着眼点的一种防范性工作思路与运行体系。相比较于传统审计而言,风险导向内部审计属于审计方式的变革。即传统的审计是对财务收支记录、管理活动和内控机制的审计,而风险导向内部审计更加注重风险防范,更强调审计目标作为证实财务报表公允性的同时,将审计风险降低到可接受的水平,其工作更加重视审计战略的选择,既注重降低审计风险又注重节约审计成本,在审计效果和效率之间寻求工作的均衡点;风险导向性审计目标的评价是基于审计全过程工作指导,审计风险模式只有运用于审计全过程时风险导向审计方能成立。因此风险导向内部审计是传统的内部审计自我调整和自身发展的结果。

风险因素多样化要求内部审计注重风险分析。多样化的风险因素主要包括:社会经济发展水平、经济发展状况、政治环境、职业道德氛围、人力资源构成与结构需求、计算机与互联网性能的变迁等诸多因素。形成风险因素的主客观因素在新时期都发生了或即将发生全新的变化。在互联网、大数据、人工智能和现实社会经济深度融合的大背景下,绿色低碳、共享经济、物联网供应链、人力资源服务等领域均形成了新的发展增长点和动力,深入包括高校治理中的各个层面。这就在实质上对客观存在的风险因素要有新的判断标准并加以认真对待。同时,人们对事物的看法、思维与心态以及心理风险因素,随着全面从严治党的不断强化,社会风气的不断净化,伴随高科技、互联网时代的来临与变迁无形中也将带来相应的影响。加强品德与行为规范的修养与素质提升以对接适应现代飞速发展的社会环境,也成为当务之急。

增加组织价值要求内部审计风险管理科学化。风险管理科学化主要体现在风险管理的目标立项、监管过程和管理结果之中,并与内部审计全过程的管理相同步。内部审计在单位内部不参加生产和经营活动,但可以通过组织资产、减少风险、降低自身审计成本、提出有价值的建议、增加组织获利机会等活动,来为组织增加价值,为组织带来巨大利益。因此,内部审计目标与单位目标是一致的。内部审计行为目标的管理任务一旦确立和接受就要通过积极评估、预测目标定位和风险,并通过预测手段的实施,对风险进行实时的识别、估算、衡量、判断与控制,通过这样一系列系统、科学、规范化的风险评估与预测操作,将风险预警、分析与评估同内控制度的制定与完善有机的联动整合为一体。这既是内部审计工作规律的内在要求,更是风险管理科学化的具体体现。

二、新时代风险导向下的内部审计工作呈现出的新特点

互联网信息化条件下的内审工作面临新的风险点。随着计算机互联网、大数据等技术在审计工作中的运用和普及,必然导致互联网、云计算、人工智能在审计方法和技术中的全面融合不断加速并引发新的变革浪潮,而审计技术和方法的改变,必将导致和带来新的审计风险点的出现和防范应对新的需求。具体表现在:一是在充分运用互联网计算机技术提高审计效率的同时,也必须清醒地意识到被审计项目的风险防范,面临的是更加艰巨的系统化中枢性风险,风险涉及的深度和广度将伴随处理数据量与速度的海量增长,而呈现几何基数的扩张态势。因此,必须将系统化中枢性风险防范措施和意识提上议事日程;二是在新的信息技术环境下的内部审计工作,对审计工作标准的统一性提出了更加严格的要求,当前各行业间内审工作标准统一性的欠缺,必然导致审计相应配套技术环境与现实存在可能性脱节的风险。

定量定性分析与判断是今后审计工作的主要内容。内部审计工作大多处于被动地接受面向大数据互联网审计的起步阶段,审计数

据的分析方法与判断方法是否科学,是决定影响与防范审计风险的主要因素,定性分析与判断审计风险的研究成果目前较多,从定量的角度加以对数据匹配前提下的审计证据获取方法导致的审计风险问题研究是今后主要的探索方向。同时,在互联网信息技术下的审计工作,审计证据的取得和定量、定性的执业判断相对传统审计工作而言,工作量将大为简化,工作效率面临必然的升级和提升,而由内审工作人员主导的内审工作内容,则主要向制度本身设计与执行的科学有效性、定量与定性问题发生原因及揭示等方面转化。

对被审计事项立项决策的科学论证过程要求更加严密。这就对被审项目的目标选择、目标定位、系统制定风险管理计划和策略有一个前置性的要求,然后在进行绩效结果分析论证的基础上做出科学决策,同时充分发挥民主监督作用,使过程更加透明化、公开化、标准化,如当可拓展商业报告语言(XBRL)在会计报表工作中的应用,所导致和带来的财务信息披露公开透明化成为一种必然趋势时,审计全过程的透明公开化必将成为亟待完成的选项。

信息不对称现象与新时代、新环境、新要求的不相容性矛盾更加突出,迫切需要及时加以排除和消解。就现实而言,要求信息不对称问题马上得到百分之百的解决的确是不现实的,然而,我们所处的时代是高速网络信息化的新时代,大数据、云计算和人工智能,为现实内审工作中存在的信息不对称问题的消除提供了条件和技术保障。在配合强化网络信息化建设解决信息不对称根源因素的同时,进而把防范审计风险这一核心问题并入"一揽子"解决方案之中,即包括行为、社会、政策、组织、信息在上下级组织间、领导与部门间、部门组织间的信息不对称因素所导致的风险因素彻底消除和化解掉。

新时代下的内审工作要求把被审计项目对象中的人的因素上升到新的高度加以认识和对待。内部审计对被审项目所涉及的人力资源管理,在新时代提升到了新的高度的标志,体现在必须注重对被审计项目涉及的人力资源即人员队伍的建设问题,尤其是组织思想的建设问题往往是构成人力资源配置的首要问题。项目最终是依靠人的智慧创造完成的,而人是有思想的,将政治思想教育、思想觉悟的考核作为管理的有机组成部分,是被审项目通过强化管理加以防范风险的重要构成要素。

三、新时代风险导向下内审新问题及其判断

现代社会存在着诸多不确定因素,并需要及时察觉导致不确定性风险的原因和结果,特别是针对诸如"蝴蝶效应"所带来的可能性风险因素。因此,为防止潜在损失的发生,必须提高对风险导向下实时出现的审计新问题加以及时判断并提出应对方案的能力,造就化隐患于无形的内审工作职能的现实可操作性。

及时分析、识别与判断可能引发风险的内外因素的能力亟待提升。这就要求内审人员具备独立对被审事项可能面临的风险因素进行有效的识别与判断,从而协调各职能部门对可能风险进行事先预警和分析通报,强化与各职能部门的工作协调与配合,建立风险防范组织网络,有效审查组织网络的风险防范机制并判断是否健全有效。党的十九大报告提出的"健全金融监管体系,守住不发生系统性金融风险的底线",就是要求将金融领域的内审工作与风险防范有机结合,社会经济领域各类其他风险协同并防。在新时代经济建设中对各项工作所涉及和影响的内审与风险防范的外部因素,提出了更加全新和严格的时代要求。

加速提升内审、内控参与高校治理的力度。一是通过解决内审工作的前置问题,将事后审计予以前置转换,有效保障和发挥内部审计在高校运行中的治理作用。例如,当前诸如高校等事业单位的内部审计工作,仍以对事后项目开展审计工作为主,无法实现对问题的"早发现早预防早提醒",亟须将审计工作予以前置,更好地发挥内部审计在高校治理中的作用。二是在风险导向下分析评估风险发生的可能性及其带来的后果的工作中,内部审计应在各部门间发挥和起到充分的协同协调作用,有效发挥其预警防范的内在功能。

并协同各职能部门，在基于对风险所导致后果的科学判断的前提下，共同对所面临的相应风险提出针对性的应对政策。由于相应的应对政策完全基于各种已识别和判断的风险后果基础之上，并通过科学、综合的分析加以提出。这样既能使得内审绩效得到最大体现，更能发挥和体现内审的预警与防范功能判断、识别与分析能力，这是基于风险导向下的制定对抗风险措施的基本保障。内审人员应在上级部门的支持和统一协调下，对组织化、网络化的抗风险能力进行评价，并保证该项组织活动能持续稳定地运营和发挥效力。

内审结果对高校的战略决策影响力亟待提升。一方面是由于内部审计工作的自身原因所导致。由于当前开展的内部审计业务工作，主要以财务收支审计、预算执行审计等为主，更侧重于财务合规性、合法性的审计目标要求，内审工作有效参与高校治理的宏观战略思维和导向欠缺。另一方面，需要强化制度约束，刚性赋予内审结果在参与经济主体和组织机构的战略决策过程中以更强的决策参与力度。

符合中国新时代发展要求的、富有中国特色的风险信息采集数据库亟待完善。在大数据、云计算等信息技术日新月异发展的当下，数据库的建立和完善是有效防范风险、化解风险的先决条件，从某种意义上讲，关乎审计工作的成败和基层组织机构运营的基础性问题，必须认真加以对待。新时代所面对的网络信息化数据库建设的关键性、突出性的问题是，谁拥有与现实工作完全对接的数据越充分、准确，谁在风险防范和内部控制主导下的内审工作就越有成效，这即是现实选择也是历史必然。

四、新时代风险导向下对高校内审工作提出的新要求

树立全局性、长远性内部审计战略思维。国际内部审计师协会（IIA）对内部审计的定义是确认和咨询职能，所谓咨询就是让内部审计人员作为咨询专家的身份，对高校内部管理或其他业务方面提出合理化建议，其"咨询"职能也体现了内部审计的独立性与客观

性。在高校治理和经济活动不断复杂的环境下，风险导向审计要求高校内部审计要从单纯的会计账簿中跳出超越至高校的内部控制，运用战略和系统思维，全面正确评估单位的治理风险和舞弊风险，由被动查出问题向主动提出解决问题的建议转变，从而通过审计有效地实现管理目标。

构建在大数据背景下审计分析云系统框架。2018 年 5 月 23 日习近平主持召开中央审计委员会第一次会议强调：要坚持科技强审，加强审计信息化建设。面对高校推进内涵式发展的新形势，如何筹好、用好、管好教育经费，有效发挥内部审计"免疫系统"功能，大力推进高校内部审计信息化建设，是新时代高校内部工作面临的新要求。一是要落实好《教育部关于推进直属高等学校内部审计信息化建设的意见》，切实将信息化建设成果转化为实实在在的审计能力。二是秉持科技强审理念，为内部审计信息化建设创造优良的发展环境。三是建立内部审计管理平台，将传统的财务收支审计转变为以风险管理为基础的风险导向审计。

优化审计环境促进高校治理。一方面要强化审计环境，一是结合高校整体治理过程并同时将内审工作置于社会整体运行机制之中加以针对性分析与判断；二是及时检验所面临的治理风险以及对风险的管控措施是否到位；三是区别于制度导向内部审计工作只对审计结果的重视，风险导向内部审计突出的是对运营环境和过程是否达标和优质的鉴别、诊断与评价。另一方面要防控组织风险，一是高校全过程内部审计，始终把关注组织风险作为重点工作加以对待，从而改善组织与运行模式；二是通过健全和强化组织体系，有效降低和减少组织风险，得以充分体现和发挥高校内部审计工作自身的价值增值功能；三是与党建、监察工作相配合将组织结构的固有风险进一步降低。

切实增加高校组织价值。内部审计发挥监督作用，及时揭示和反映高校经济活动存在的各类问题和风险隐患，其审计工作过程本身就是堵塞漏洞、挖掘潜力、减少损失浪费、实现经济效益和社会效益的具体体现。审计工作实践和工作绩效证明了审计也是生产力,审计也产出效益。中央审计委员会的建立,体现了党对审计工作的领导,使内部审计的增值目标更容易实现。适应高校战略管理需要对内部审计给予正确定位,优化内部审计流程并切实保证其得以运行,能为组织实现最大的价值增值。风险导向下的高校内部审计是对高校教育改革发展面临的全局性问题,特别是对高校发展带来的管理和经济风险问题进行的全过程审计,揭示和反映经济活动的新情况、新问题、新趋势,对提升高校履行社会责任起到积极的促进作用。

突出行为管理向文化管理转变。内审工作的核心是对机制、制度和过程的有效控制,而控制的关键仍体现在对人的管理与规范上,这既是内审工作的出发点,也是内审工作的落脚点,对人的行为管理向文化管理的转变不仅是组织管理工作的升华,也标志着内审工作内在质的提升。在审计工作实践中,将整个组织单位的运行战略理念、文化乃至意识形态渗透到高校管理工作中的每一个部门和每一个环节,通过行为管理向文化管理的转变,力求达到高校发展目标和管理目标与个人的职业目标协调一致,从而实现内部审计人员的全面发展。

参考文献

[1] 习近平. 决胜全面建成小康社会 夺取新时代中国特色社会主义伟大胜利 [M]. 北京:人民出版社,2017.

[2] 郑欣. 风险导向型内部审计的价值增值 [J]. 中外企业家,2015 (18):44.

[3] 章振东. 风险导向审计在高职院校内部审计中的应用 [J]. 会计之友,2008 (33):19-21.

(作者系北京青年政治学院高级会计师)

法 学

21世纪我国18～25岁青年犯罪问题及其防治对策

刘金霞

摘 要：青少年犯罪，通常包括未满18周岁的少年犯罪和18～25岁的青年犯罪。长期以来我国青少年犯罪学术研究的重点是少年犯罪，对青年犯罪的专门研究甚少。但青年犯罪与少年犯罪在基本趋势、犯罪类型、犯罪行为特征等方面并不相同。数据分析表明，青年犯罪对青少年犯罪的整体趋势具有主导性影响，预防和减少青年犯罪，是控制青少年犯罪的关键环节，也是维护社会稳定的重要因素，需要更加有针对性和实效性的防治对策，包括制定融入青年权益保护与青年犯罪防治的社会政策、对闲散青年群体开展"增能"型服务，消减犯罪动机和诱因；进行适当的、积极的刑事政策干预，预防和减少重新犯罪等。

关键词：青少年 少年犯罪 青年犯罪 青少年犯罪 防治对策

一、选取18～25岁年龄段青年犯罪问题进行研究的基本考量

自20世纪70年代后期开始，"青少年犯罪"一直是我国刑法学、犯罪学研究的热点以及刑事政策和社会政策关注的重点。2017年4月，中共中央、国务院印发《中长期青年发展规划（2016—2025年）》，进一步强调维护青少年权益、预防青少年违法犯罪。

研究青少年犯罪，"青少年"这个群体的年龄始终是核心问题之

一。"青少年"是我国报纸、杂志、广播、电视、网络等媒体乃至国家相关政策性文件中经常出现的高频词汇，但是，却没有任何法律、法规、政策性文件或者有关青少年的组织章程专门地、明确地界定过"青少年"的年龄。因此，在有关研究中往往由研究者根据不同的目的进行年龄界定，在研究中不做界定、界定不清或者有意无意地伸缩"青少年"的年龄边界的现象也较为常见。"青少年"年龄边界的游移已成为相关研究、政策及干预的一个"盲点"[1]。

早期关于"青少年犯罪"的研究中，存在着同样的问题。经过30多年争论与发展，学界对"青少年犯罪"语境下"青少年"的年龄界定，基本形成了一定的共识：青少年犯罪可分为狭义的刑法学意义的概念和广义的犯罪学意义的概念。刑法学意义的"青少年犯罪"，以定罪量刑为目的，是指刑法规定的某个特定年龄阶段的人，实施了危害社会依法应受刑罚惩罚的行为。在我国，该"特定年龄"以刑法关于刑事责任年龄和成年年龄规定为基准，下限界定在14周岁以上，上限则界定在未满18周岁。从群体特征看，属于未成年人中的少年犯罪。犯罪学意义的"青少年犯罪"，以更完整地把握犯罪的发展进程和发展机制并有效防治犯罪为目的，并不拘泥于《中华人民共和国刑法》（以下简称《刑法》）关于刑事责任年龄和成年年龄的界定，下限可以延至12岁或者10岁甚至6岁，上限可以延至25周岁。从群体特征看，包括未成年人中的少年犯罪和成年人中的青年犯罪。

研究青少年犯罪，"犯罪"的内涵与外延则是另外一个核心问题。刑法学意义的"青少年犯罪"，是指14岁以上未满18岁的未成年人（"少年""adolescent children"）实施的"危害社会依法应受刑罚惩罚的行为"，也就是符合刑法规定的犯罪构成要件的犯罪行为。而犯罪学意义的"青少年犯罪"，则包括了《刑法》规定的犯罪行为以及违法

---

[1] 胡玉坤，郑晓瑛，陈功，等. 厘清"青少年"和"青年"概念的分野——国际政策举措与中国实证依据[J]. 青年研究，2011（4）：1-15，94.

行为甚至不良行为和虞犯行为。对于犯罪学意义的青少年犯罪，很多国家使用与普通刑事犯罪（crime）不同的词语来表达以显示其中的区别，如美国称之为"juvenile delinquency"❶（我国通常译为"少年罪错"），日本则称之为"少年非行"❷。我国的青少年犯罪研究已经过三十多年的历程，多数学者主张在青少年犯罪研究中使用广义的青少年犯罪概念❸，并以未成年人犯罪作为重点研究的对象❹❺。

然而，我们必须注意到，无论是在理论上还是在实践中，少年和青年在个人能力、机会以及社会角色、义务、责任等方面不尽相同，在某些方面还迥然有别。家庭、社会对少年和青年的社会期望也大不一样。中国青少年研究中心在进行实证研究的基础上编写了《"十五"期间中国青年发展状况与"十一五"期间中国青年发展趋势研究报告》，指出："十一五"期间，未成年人犯罪与青年犯罪的规律是不同的，仅以犯罪率为例，未成年人中构成犯罪的人数占人口基数的比例相当于全国整体人口的犯罪率，而青年群体的犯罪率是前者的二倍还要多。❸❹可见，在研究中长期的将少年犯罪与和青年犯罪混在一起，特别是将未成年人犯罪作为重点研究，显然过分强调了青年与少年两类主体在年龄上的连续性和在行为上的关联性，却忽视了青年与少年两类主体的差异性，忽视了青年的特殊性。其结果是，我们的刑事政策，乃至有关犯罪预防与治理的社会政策缺乏针对性和实效性。因此，有必要将少年犯罪与青年犯罪进行分类研究。《中国法律年鉴》以及各地方统计年鉴中关于犯罪的统计，通

---

❶ 根据维基百科的解释，Juvenile delinquency, also known as "juvenile offending", is participation in illegal behavior by minors (juveniles, i.e. individuals younger than the statutory age of majority). A juvenile delinquent in the United States is a person who is typically below 18 (17 in New York, North Carolina, New Hampshire, and Texas) years of age and commits an act that otherwise would have been charged as a crime if they were an adult.

❷ 根据日本少年法，"少年非行"包括少年犯罪行为、触法行为和虞犯行为。

❸ 姚建龙. 青少年犯罪概念研究30年：一个根基性的分歧［J］. 甘肃政法学院学报，2009（2）：26-32.

❹ 曹漫之. 中国青少年犯罪学［M］. 北京：群众出版社，1987：48.

❺ 王牧. 论青少年犯罪的概念（上）［J］. 当代法学，1991（1）：36-40.

常会将"青少年犯罪"从整个刑事犯罪中分离出来进行单独统计，统计的年龄下限是 14 周岁，上限是 25 周岁。同时，又将未成年人犯罪从青少年犯罪中分离出来进行单独统计。可见，在司法实践中，将青少年犯罪进一步区分 14 岁以上未满 18 岁的少年犯罪和 18～25 岁的青年犯罪，并在犯罪统计中得到体现。

为了促进刑事政策、社会政策的制定针对性，增强政策施行的实效性，本文将研究重点放在 18～25 岁的青年犯罪，并且以狭义的刑法学意义的犯罪为重点，即 18～25 岁的青年实施的危害社会应受刑罚惩罚的行为。为了与统计资料保持一致和叙述方便，本文将 14～25 岁的人犯罪统称为"青少年犯罪"，将 14 岁以上不满 18 岁的人犯罪简称为"未成年人犯罪"或者"少年犯罪"，将 18～25 岁的人犯罪简称为"青年犯罪"。

二、21 世纪我国青年犯罪的基本状况

（一）趋势——罪犯人数起伏波动，占比稳定下降

来自《中国法律年鉴》的数据表明❶21 世纪以来，我国刑事罪犯总数虽有波动，但总体呈逐年上升的趋势，刑事罪犯人数从 2000 年的 609814 人增加到 2015 年的 1232695 人，增幅达 102.14%。青少年罪犯数量先升后降，从 2000 年 220981 人增加到 2008 年的 322061 人达到峰值，以后逐年减少，2015 年降至 236341 人，波动起伏中呈现下降趋势。青少年罪犯在刑事罪犯中的比例虽有波动，但整体处于下降趋势。未成年罪犯数量 2000 年是 41709 人，此后逐年增加，2008 年达到峰值 88891 人，随后逐年下降，到 2015 年降至 43839 人，略高于 2000 年。未成年罪犯在刑事罪犯中的比例也是先递增后递减，2005 年达到占比的峰值 9.79%，随后逐渐递减，到

---

❶ 《中国法律年鉴》编辑部.中国法律年鉴（2001—2016）[M].北京：中国法律年鉴社，2001—2016.

2015年未成年罪犯在刑事罪犯中的比例仅为3.56%。青年罪犯人数亦存在波浪式起伏,从2000年的179272人增长到2008年的233170人,达到峰值。随后青年罪犯人数逐年减少,到2015年降至192502人。青年罪犯占刑事罪犯的比例自2000年开始整体处于下降趋势,从2000年的28.02%下降至2015年的15.61%。虽然,2005—2007年的占比连续三年高于2002—2004年的水平,但均未超过2000年及2001年的占比水平,呈现出稳定的曲线下降态势。参见表1。

表1 2000年以来全国刑事罪犯与青少年罪犯人数、占比情况

年份	全国刑事罪犯（人）	14~25岁青少年罪犯数量（人）及其在全国刑事罪犯中的比例		未满18岁的未成年罪犯数量（人）及其在全国刑事罪犯中的比例		18~25岁青年罪犯数量（人）及其在全国刑事罪犯中的比例	
2000	609814	220981	34.54%	41709	6.52%	179272	28.02%
2001	746328	253465	33.96%	49883	6.68%	203582	27.28%
2002	701858	217909	31.05%	50030	7.13%	167879	23.92%
2003	747096	231715	31.02%	58870	7.88%	172845	23.14%
2004	767951	249128	32.44%	70144	9.13%	178984	23.31%
2005	844717	285970	33.85%	82721	9.79%	203249	24.06%
2006	890755	303631	34.09%	83697	9.40%	219934	24.69%
2007	933156	316397	33.91%	87525	9.38%	228872	24.53%
2008	1008677	322061	31.93%	88891	8.81%	233170	23.12%
2009	997872	302023	30.27%	77604	7.78%	224419	22.48%
2010	1007419	287978	28.59%	68193	6.70%	219785	21.82%
2011	1051638	282429	26.86%	67280	6.40%	215149	20.46%
2012	1174113	282990	24.10%	63782	5.43%	219208	18.67%
2013	1158609	265439	22.91%	55817	4.82%	209622	18.09%
2014	1184562	249576	21.07%	50415	4.26%	199161	16.81%
2015	1232695	236341	19.17%	43839	3.56%	192502	15.61%

综上,21世纪以来,我国青少年罪犯数量起伏波动,先升后降,2008年达到峰值后逐年减少。青少年罪犯数量在刑事罪犯中的比例

则总体呈现下降趋势。青年罪犯及其在刑事罪犯中的比例表现出同样的特征。以青少年罪犯数量及其在刑事罪犯中的比例衡量，我国青少年犯罪的趋势与青年犯罪的趋势基本相同，换一句话说，青年犯罪状况对青少年犯罪总体趋势具有主导性影响，而少年犯罪对青少年犯罪整体趋势则不具有决定性意义。

青少年罪犯以及青年罪犯在刑事罪犯总数中所占比例减少，呈现下降趋势的一个重要原因，是青少年人口以及青年人口在全国总人口中所占比例的减少。人口学的研究表明，2000—2030 年中国人口规模将保持增长趋势，❶ 但 15～24 岁的青少年人口规模在 2010 年之后则有大幅下降，到 2030 年时将减少到 1.70 亿，占全国总人口的比例则降为 12.0%。❷ 第六次人口普查证实了青少年人口规模减小的预测，2010 年我国 14～29 岁的青年为 34420 万，比 2000 年第五次人口普查时的 33800 万增加了 620 万，但青年人口在全国总人口中的比例却由 2000 年的 27.2% 下降为 2010 年的 25.8%。❸ 值得关注的是，受人口控制政策、代际复制以及漏报等因素影响，我国总人口年龄金字塔，2003 年在 20～30 岁之间出现明显凹陷❹，2005 年在 20～28 岁阶段出现明显的凹陷，而 14～18 岁人群（1985 年之后出生）数量却明显回升❺。凹陷意味着该年龄段的人口数量出现了不符合人口发展自然规律的减少。因此，21 世纪以来青年犯罪呈稳定下降趋势与该年龄段青年人口在总人口中所占比例降低有着密切联系。当然，在党中央和国务院的正确领导下，我国制定了系列防治青年犯罪的社会政策和刑事政策，各地方和相关部门积极采取

---

❶ 郑晓瑛，陈功，庞丽华，等. 中国人口、人力资本变化趋势［J］. 市场与人口分析，2007 (1)：1-11, 72.

❷ 高菲菲，崔雅满，陈功，等.2000 年以来我国青年人口的现状及其发展趋势［J］. 中国青年研究，2011 (9)：56-61.

❸ 樊新民. 中国青年人口构成研究——基于第六次全国人口普查资料的分析［J］. 中国青年研究，2013 (12)：47-52, 59.

❹ 侯佳伟，刘俊彦. 中国青少年发展状况统计数据分析报告 (2005)［R］. 中国青年研究，2006 (1)：56-64.

❺ 明艳.2005 年中国青年人口发展状况［J］. 中国青年研究，2008 (1)：28-35.

有针对性的防治措施,也是青年犯罪得到了有效控制的重要原因。

(二) 类型:以财产型犯罪为主,类型多样化

一项覆盖东中西部 6 个省(市)14~25 岁青少年犯罪状况的抽样调查表明,我国青年犯罪的年龄均值为 21.35 岁[1],犯罪类型集中在贩毒、盗窃、诈骗、赌博等财产型犯罪,此外,抢劫、抢夺、敲诈勒索、寻衅滋事等具有谋财与暴力双重性质的犯罪也是这个年龄段较为高发的犯罪类型。与未成年犯以故意杀人、故意伤害、聚众斗殴、强奸猥亵等暴力型犯罪较多(超过一半)呈现出不同的犯罪类型特征。青年贩毒的比例为 33.2%,远远高出未成年人 5.3% 的比例。这表明,随着年龄增长,激情犯罪减少,预谋犯罪增多;随着长大成人,个体社会"角色"发生转变,在未成年时期获得家庭的经济供养心安理得,成年后则要摆脱经济依附,由自己独立解决经济来源的问题,当没有合法途径和手段获得足够的经济来源时,铤而走险成为一些青年的选择,所以,财产型犯罪突出。

近几年,随着社会转型不断深入,城镇化进程快速发展,农村劳动力向城镇转移、人口流动性增强,社会分层明显,贫富差距加大,社会管理中的新问题、新矛盾突出,青年犯罪类型也愈加多样化,侵害人身权益的故意伤害、故意杀人犯罪,侵害社会公共秩序的寻衅滋事、打架斗殴犯罪以及涉性涉淫的强奸、组织容留卖淫、聚众淫乱、网络直播淫秽表演类犯罪增多。随着科技进步和互联网的普及,侵害计算机系统、编制、传播计算机病毒或者利用网络平台、手机软件编造、传播虚假信息、进行跨境电信诈骗等犯罪现象增多。

---

[1] 林毓敏. 中国当代青少年犯罪状况调查 [J]. 福建警察学院学报, 2017, 31 (2): 33–46.

(三)主体:共性明显,流动青年、农村青年、大学生犯罪令人关注

调查表明,青年犯罪群体,通常具有一定的共性特征,如文化程度低(70%为初中以下文化)、家庭经济状况不佳(27.9%为贫寒家庭)、生活状态闲散(既没有上学也没有工作的占52.6%)、具有较为明显的反规范和不良行为倾向[1]等。此外,进入21世纪后,流动青年、农村青年、大学生犯罪问题突出,受到关注。

中国流动人口的平均年龄约为28岁[2]。中国青少年研究中心开展的一项关于"流动青少年权益保护与犯罪预防研究"的抽样调查表明,在北京、上海、广州、南京、杭州、成都、郑州、沈阳等8个流动人口较为集中的城市,被调查的25岁以下的3162名违法犯罪的青少年中,流动青少年2101名,占66.4%;本地违法犯罪青少年1061名,占33.6%。[3]浙江省的一项调查数据也显示,2004—2006年3年间,浙江省在押的青少年嫌疑人中,流动青少年所占比例分别为77.34%、77.67%、80.22%。[4]违法犯罪的流动青少年显著高于本地青少年,流动青少年犯罪时多处于闲散状态[5]。农村青年是青年犯罪的另一个主要主体,但需要注意的是,流动青年与农村青年存在一定程度的重合,我国改革开放以后人口流动的方向,主要是农村青壮年劳动力向城镇的流动、欠发达地区向较发达地区的流动、西部向东部流动、内地向沿海流动,因此,流动青年的主要成员是农村进城务工的青年。近年来,进城务工的农村女青年增多,农村

---

[1] 林毓敏. 中国当代青少年犯罪状况调查[J]. 福建警察学院学报,2017,31(2):33-46.

[2] 人口与计划生育委员会. 中国流动人口发展报告2012[R/OL]. (2012-08-07)[2015-09-10]. http://www.gov.cn/jrzg/2012-08/07/content_2199409.htm.

[3] "流动青少年权益保护与犯罪预防研究"课题组. 我国八城市流动青少年违法犯罪状况调查[J]. 青少年犯罪问题,2009(1):26-32.

[4] 浙江省联合课题组. 浙江省流动人口青少年违法犯罪问题研究(续)[J]. 青少年犯罪研究. 2008(5).

[5] 朱磊. 流动青少年犯罪时多处于闲散状态[N]. 法制日报,2013-10-02(3).

女性青年犯罪也有所增长。此外,农村本地青年犯罪的主体则是留守农村的辍学、闲散(无业)青年,❶普遍文化程度偏低,家庭经济状况不佳,犯罪前即存在不良行为甚至严重不良行为。

21世纪以来,曾经被视为天之骄子、社会栋梁的大学生犯罪非常引人注目。全日制大学生的年龄一般在18~25岁之间,与流动青年、农村青年不同,大学生是青年犯罪中的高智商、高学历主体。据统计,2000—2004年5年间,位于高教区的北京市海淀区公安分局刑事拘留的大学生人数逐年上升,2000年为55人,2001年为85人,2002年为100人,2003年为130人,2004年为177人。❷而2005年海淀区公安分局刑事拘留的大学生人数是2000年的3.8倍。❸2008年1月至2013年1月,武汉市洪山区检察院共受理在校大学生犯罪案件238件264人,数量呈逐年上升态势。❹江苏镇江京口区检察院,从2010年到2013年4月,办理大学生犯罪案件22件39人,其中,2010年4件6人,2011年6件8人,2012年7件16人,2013年1月至4月,5件9人,呈现逐年增长的态势。❺2010年至2014年7月,海南省三亚市人民检察院办理的在校大学生犯罪案件也呈逐年上升的趋势,其间共办理在校大学生犯罪案件31人,其中2010年1人、2011年5人、2012年7人、2013年10人、2014年1月至5月6人。❻大学生犯罪以盗窃、诈骗等财产型犯罪、涉黄涉性类犯罪居多,犯罪手段上网络化、智能化倾向明显,如利用QQ、微信等聊天工具,通过扫一扫附近的人"交朋友",骗取信任后实施盗窃和骗取钱财等。另外,大学生故意杀人、故意伤害、聚众斗殴罪、

---

❶ 杨合理,武宁,杨惠淳.当前农村青少年犯罪的原因分析及防治对策.中共郑州市委党校学报,2016(6):70-74.

❷ 金志海.关于大学生犯罪问题的思考[J].青少年犯罪研究,2006(2):38-43.

❸ 北京海淀区:大学生犯罪人数5年上升近三倍[N/OL].(2006-05-30)[2015-01-17]. http://edu.people.com.cn/GB/4414807.html.

❹ 张继生.搭建预防大学生犯罪"防火墙"[N].检察日报,2013-01-09(11).

❺ 丁国锋.大学生暴力型犯罪多发暴露了什么[N].法制日报,2013-05-16(4).

❻ 邢东伟等.三亚大学生犯罪主要涉盗涉黄[N].法制日报,2014-07-01(5).

寻衅滋事等暴力型犯罪逐渐增多。

（四）行为：共同犯罪、街头犯罪多，暴力性强

以往的研究多针对14～25岁的青少年犯罪，并且将重点放在未成年人犯罪部分，专门针对青年犯罪行为特征的研究相对比较薄弱。有关数据资料多是反映全部青少年犯罪的行为特征或者少年犯罪的行为特征，单独反映青年犯罪的行为特征的较少。青年是从少年到成年的过渡与转型，青年与少年的行为特征具有一定的连续性与共同性，如未成年人和青年均对共同犯罪表现出明显偏好，70%以上的青少年犯罪属于共同犯罪。但是，未成年犯罪中共同犯罪的比例为77.7%，青年犯罪中共同犯罪的比例为64.3%。❶可见，一方面，青少年具有重朋友、讲义气、为哥们儿义气可以两肋插刀的共同的价值取向和性格特点；另一方面，青年共同实施犯罪的比例显然低于未成年人，表明随着长大成人，青年比少年更加独立，更有主见，同伴、团伙等外界因素对青年的影响已经小于同伴、团伙等外界因素对未成年人的影响。

街道里巷、娱乐场所（网吧、酒吧、KTV等）、被害人家、宾馆饭店、自己的住所和商场集市等街头是青少年犯罪的主要场所，但少年街头犯罪比例是47.5%，青年街头犯罪的比例是27.1%，少年街头犯罪的比例明显高于青年。❷青年犯罪行为的暴力性特征较为明显，一项针对南方某监狱的调查显示，截至2014年8月31日，该监狱押犯总数为6930人，其中，年龄在18～35岁的青年罪犯5603人，占押犯总数的80.85%，而其中暴力型罪犯2430人，❸在各类型犯罪比较中人数最多。此外，青年犯罪通常具有报复性强、

---

❶ 林毓敏. 中国当代青少年犯罪状况调查［J］. 福建警察学院学报，2017，31（2）：33－46.

❷ 林毓敏. 中国当代青少年犯罪状况调查［J］. 福建警察学院学报，2017，31（2）：33－46.

❸ 黄宏琼. 某监狱青年罪犯管理中的问题与对策研究［D］. 兰州：兰州大学，2015.

手段残忍、不计后果等特点。随着科技进步、网络普及以及境外电信诈骗团伙犯罪的渗透,利用网络、电信诈骗的智能型犯罪逐渐增多。

三、21世纪我国青年犯罪的防治对策

如前所述,青年犯罪对青少年犯罪的整体趋势具有主导性影响。因此,预防和减少青年犯罪,是控制青少年犯罪的关键环节,也是维护社会稳定的重要因素。但是,长期以来,我国学术界一直将学术研究的重点放在未成年人犯罪,关于青年犯罪的专门研究甚少。这种状况导致我国青少年犯罪防治重点长期放在未成年人犯罪方面,致使我国对青年犯罪的防治针对性不强,甚至出现政策盲点。为了有效控制青少年犯罪,在继续做好未成年犯罪防治的同时,亟须加强青年犯罪研究,并建立整体性防治机制。具体包括:

(一)制定具有包容性的青年社会政策,建立整体性犯罪防御机制

18~25岁是一个人生命历程的转型期,这种转型包括职业、社会和文化的转型,最主要的标志就是从离开学校到获得稳定职业的职业转型,其要点在于实现经济独立、思想成熟和自我管理❶。转型期的青年,经历着生理和心理的变化、身体和精神的成长,逐渐摆脱经济、情感的依附而转向独立,当然也面对着并不确定的未来和风险。犯罪就是青年可能面临的风险之一,青年犯罪一直是困扰国际社会和各个国家的突出社会问题,我国也不例外。

德国著名刑法学家李斯特说:"最好的社会政策就是最好的刑事政策"。荷兰学者汉斯·旺·埃维耶克主张以具有包容性的青年社会政策取代过去那种以青年作为独特人群单独制定青年政策的做法❷。因此,制定具有包容性的青年社会政策,将青年权益保护与青年犯

---

❶ 李春玲. 80后青年转型正在延长[N]. 北京日报,2014-08-11(3).
❷ 汉斯·旺·埃维耶克,赵文. 青年概念的终结——对新世纪青年社会政策的思考[J]. 上海青年管理干部学院学报,2001(2):29-32.

罪防治融入社会政策，建立青年犯罪的整体性防御机制，是宏观预防、减少青少年犯罪的重要战略布局。为此，需要建立社会政策的评估机制，在社会政策出台前，由专业机构就社会政策可能对青年权益和青年犯罪防治发生的影响进行客观评估并出具专业意见，阻断那些可能直接或者隐性侵害青年权益、侵害部分青年权益的政策出台，最大限度实现社会政策对青年就学、就业、职业选择、职业发展以及在社会服务、社会融入、社会福利、社会保障、社会救济等方面的积极促进与平等保护，减少因社会政策不周全导致的青年犯罪问题。

（二）开展"增能"型服务，消减犯罪的动机和诱因

多项研究表明，无论是流动青年还是留守的农村青年或者是城市本地青年，无论是初次犯罪还是重新犯罪，犯罪时处于既不上学又不工作的"闲散状态"的占绝大多数。2012 年，中国青少年研究中心的一项针对 14～25 岁流动青少年（其中 18～25 岁的成年犯占 76.3%）的调查显示，青少年初次犯罪时，无业比例为 55%，失学比例为 5.5%，流浪比例为 0.8%，合计为 61.3%，即在初次犯罪的流动青少年中，6 成左右处于闲散状态。再次犯罪时，无业比例为 47.8%，失学比例为 17.7%，流浪比例为 3.5%，合计为 69%，处于闲散状态的比例高于初犯人群。❶ 一项面向吉林省在押的 14～25 岁重新犯罪青少年的调查也显示，重新犯罪的青少年以闲散青少年为主体，重新犯罪时有 80% 的被调查者是"在家休息""流浪"或"从事临时性工作"。❷ 青少年，特别是进入职业转型期的青年，一旦陷入失学或者失业的闲散状态，失去了学校和工作单位的约束，如果家庭的管教引导、经济帮扶、情感支持和情绪疏导跟不上，个人调节和控制能力不足，实施违法、犯罪行为的概率会大幅度增加。

---

❶ 朱磊. 流动青少年犯罪时多处于闲散状态 [N]. 法制日报，2013 - 10 - 02 (3).
❷ 袁承为，韩雪梅，郑磊，等. 吉林省青少年重新犯罪的原因及对策的研究 [J]. 中国青年研究，2014 (3)：64 - 68.

因此，坚持预防为主，正面引导的政策，对于处于闲散状态的青少年开展积极的"增能"型服务，消减其犯罪动机和诱因，是微观上控制和减少青年犯罪的重要环节。

"增能"借鉴了社会工作的概念和理论。所谓"增能，是指使有能力，强调挖掘或激发服务对象的潜能，帮助自我实现或增强影响"。[1] 增能的基本价值在于协助弱势群体及其成员，透过行动去增强适应环境的潜能，透过社会政策和计划，去营造一个正义的社会，为社会成员提供平等的接近资源的机会。就无学可上、无业可就的闲散青年而言，有的是因学习能力差而失去升学机会，有的是因为从农村流动到城市而失去平等就学的机会，又因为学历低、缺少劳动和职业技能而难以就业，当然也包括主动放弃了就学、就业和劳动与职业培训的机会，赋闲在家、吃喝花销主要靠父母的城市"啃老族"。针对这一群体，政府有关部门包括基层街道、社区、共青团、劳动就业指导部门、社会工作者等，应积极开展"增能"型服务，帮助其进行适应能力和掌控生活能力的建设，如开展法律规则意识教育和就业辅导、劳动技能和职业培训、情感培育、不良情绪疏导、建立自助和互助组织等，帮助其融入和适应不断变化、快速发展的社会、帮助其重拾自信与自尊，消减可能的犯罪动机和诱因。

（三）进行积极、适当的刑事政策干预，预防和减少重新犯罪

自1899年世界第一部少年法庭法在美国伊利诺伊州诞生以来，世界多数国家建立了以少年法庭为标志的少年司法制度，对少年犯给予不同于成年犯的特别刑事处遇。为了促进少年福利，联合国大会于1985年11月29日以第40/33号决议通过了《联合国少年司法最低限度标准规则》（北京规则）（以下简称《少年司法标准规则》），确立了对于少年犯罪可采取不同于成年人的处理方式的原则，

---

[1] 高万红. 增能视角下的流动人口社会工作实践探索——以昆明Y社区流动人口社区综合服务实践为例 [J]. 华东理工大学学报（社会科学版），2011，26（1）：30-36.

并努力促成每个国家司法管辖权范围内制定一套专门适用于少年犯的法律、规则和规定,并建立授权实施少年司法的机构和机关。同时主张将该规则中体现的原则扩大应用于年纪轻的成年罪犯。对于少年犯罪的特别刑事处遇一般包括两个方面,一个是刑事诉讼程序中的特别处遇,包括为未聘请律师的少年犯罪嫌疑人指定律师以维护其辩护权和司法公正,对少年犯罪嫌疑人、被告人的成长经历、犯罪原因、监护教育等情况进行社会调查以确定更具针对性的刑罚措施和教育、感化、挽救方案;讯问、审判少年嫌疑人时必须有合适成年人到场以保障所有少年嫌疑人获得平等保护与司法公正,进行犯罪记录封存以保护少年犯的人身权益、促进其回归社会等;另一个是刑罚适用上的特别处遇,包括对少年犯附条件不起诉、适用缓刑、非监禁刑、从轻减轻量刑等。

  我国对于青年犯罪,尚无特殊的刑事处遇,但根据《少年司法标准规则》可以将其扩大适用到年轻的成年人,即青年。为了有效防控青年重新犯罪,可以借鉴《少年司法标准规则》的做法,对青年犯采取适当的、积极的刑事政策干预。但须调研和甄别,慎重决策。实证研究表明,我国对未成年犯普遍科刑较轻,对未成年犯的轻刑化处遇并没有收到预期的效果,未成年犯的再犯率高于青年犯,原因之一就是刑罚严厉度不足❶。对大学生犯罪,我国也多在刑事处罚中进行轻缓化处理,同样没有得到期待的犯罪率降低的结果,反而出现了大学生犯罪数量、人数不降反升,犯罪原因随意性强,犯罪行为社会化、流氓化等令人担忧的现象。❷ 可见,适用轻刑、缓刑的社会效果亟须评估与反思。对于这样的特别处遇措施,不宜照搬并扩大适用于对青年犯罪的量刑。但是一些程序性制度,其扩大适用不会影响司法公正,反而有利于维护青年诉讼权益并有利于对其

---

  ❶ 林毓敏. 中国当代青少年犯罪状况调查 [J]. 福建警察学院学报, 2017, 31 (2): 33-46.

  ❷ 于绪芬, 崔研云. 大学生犯罪刑事处罚基本情况分析 [J]. 法制与经济, 2016 (12): 189-190, 194.

进行富有针对性的教育、感化、挽救，有利于预防其重新犯罪，促进其回归社会、重新做人，则可根据少年司法标准规则精神，扩大适用于青年犯罪，以实现对青年犯罪的适当的、积极的刑事政策干预。如青年犯罪嫌疑人未聘请律师的，为其指定律师；对青年犯罪嫌疑人、被告人的成长经历、犯罪原因、监护教育等情况进行社会调查，以便对其确定更具针对性的刑罚措施和教育、感化、挽救方案；对特定青年犯罪记录进行封存，以保护其人身权益、促进其回归社会。

（作者系北京青年政治学院教授）

语言学

汉语味觉词的基本类型及造词理据研究

张靖华

摘　要：本文基于对广义的味觉理解，简要概述了汉语味觉词的基本类型，并逐个阐述了这些味觉词的造词理据。

关键词：汉语　味觉词　类型　理据

语言的发展是人类思维发展的直接反映。词语是语言与现实连接的纽带和桥梁。汉语味觉词的产生、发展也反映了人们对自然之味进行加工、概括的过程。味觉进入人类的语言符号系统并形成味觉词，经历了一个漫长的从具体到抽象、从附庸到独立的过程，而人类的味觉思维则在这一过程中得到了充分的发展。

基于对广义的味觉理解，"味觉词"包括了表示客观存在的味觉概念的词及表示主观的味觉概念的词两部分，即那些反映自然界中客观存在的真实的味印象以及人们主观意识中后天形成的抽象的味印象的词。

一、汉语味觉词的基本类型

在对味觉词进行了界定之后，我们就可以确定味觉词概念的外延中应该包括两类词，即具体味觉词和抽象味觉词。本文所用的"类"这一概念大体相当于语言学中的"同类词"，即指词义基调基本相同或某些基本词义成分相同的一组词语。

具体味觉词就是表示具体味的词，这些词的"所指"都可以直接从具体事物中得到证明。而抽象味觉词则是那些表示主观心理之味的词,这些词的"所指"无法直接在具体事物中表现出来,只有通过主体的选择性认知或联觉性质的心理活动才能获得,如:和、美。由于抽象味觉词的"所指"关涉社会文化形态和人的精神形态,无法直接在具体事物中表现出来,它们必须借助于主体的选择性认知或联觉性质的心理活动才能获得。因此,对这类词的考察必须结合中国传统文化来进行,篇幅所限,之后专文论述。

具体味觉词又可以分为两类,即基本味觉词和普通味觉词。基本味觉词就是表示基本味觉概念的词。从现代味觉生理学看,基本味觉是单纯的独立存在,包括酸、甜、苦、咸四种。因此,汉语基本味觉词就是指称这四种基本味觉的词语,即酸、甜、苦、咸这四个词。普通味觉词是相对于基本味觉词而言的,也就是指除去基本味觉词以外的其他味觉词。它所反映的味都是以不同的基本味为基调的。大部分普通味觉词是在基本味觉词的基础上派生而来的,因此,也称复合味觉词。由于复合味的种类远大于基本味,不同的基本味组合、组合时的不同配比,都会形成特有的复合味,如甜咸味、酸甜味、酸辣味、鲜咸味、麻辣味等。因此,普通味觉词的种类也极为丰富。其中,绝大多数用由基本味组成的复合味觉词来表示,只有很少的几个固定地用单纯词来表示。本文只讨论普通味觉词中辛(辣)、鲜、涩等几个常见的固定地用单纯词形式表示复合味概念的词语。

二、汉语基本味觉词"托物呈味"的文化理据

很多学者认为,在人类进化的早期,人们的思维是建立在"心象—概念"基础上的"原逻辑"思维方式。"这种思维方式在语言中的表现,就是几乎没有符合一般概念的属名,而表示人或物的专门用语又特别丰富。"❶ 汉语中的基本味觉词也经历了类似的过程,就是说从有文字历史记载的时期观察,最初表示某种味的事物的专

---

❶ 戴昭铭. 文化语言学导论[M]. 北京:语文出版社,1996:127.

有名称较多,缺乏表示事物共性的抽象意义的味觉词。从前面我们所谈的味觉词在理论上的形成过程可以知道,汉语的某些味觉词最初只是表示具有这一味的事物的名称。因此,我们这里所说的"托物呈味"是指汉语的某些味觉词借含有味觉意义的事物的专有名称来表示抽象的味觉意义。从词的来源角度讲,汉语味觉词的产生,凭借了事物的专有名称,因而具有一定的文化理据,即"语言系统自组织过程中促动或激发某一语言现象、语言实体产生、发展或消亡的动因。"尤其是那些"反映语言符号同外部世界的联系的理据,属系统外部的理据。"❶

(一)"酸"类

谈到酸,我们的第一反应就是与醋有关的味。常用的《新华字典》《现代汉语词典》中"酸"字的解释均为"像醋的气味或味道"。其实,酸味的物质基础最初应是果实,也就是说,酸味最早应该是指树木果实的味。《尚书·洪范》:"炎上作苦,曲直作酸。"孔传:"酸,木实之性。"孔颖达疏:"木生子实,其味多酸,五果之味虽殊,其为酸一也,是木实之性然也。"

果实大多带有酸味。关于这一点,我们可以从文字学角度作一定的阐释作为佐证。这是要从"某"字说起。"某"字金文作🙵。从造字结构上看,"某"字属于象形字,像树木上结有甘酸的果实。《说文·木部》:"某,酸果也。从木,从甘。槑,古文某从口。"此处的酸果即酸梅子。

在表示"酸梅子"这一意义时,"某"与"梅"构成一组古今字。最初写作"某",后来因为"某"字假借为代词,于是用"梅"字来表示这一意义。清徐灏《说文解字注笺》:"'某'即今酸果'梅'字。因假借为'谁某',而为借义所专,遂假'梅'为之。古文'槑'或省作'呆',皆从木,象形。"段玉裁注:"某,酸果也。

---

❶ 王艾录,司富珍. 语言理据研究 [M]. 北京:中国社会科学出版社,2002:171.

此是今梅子正字。""梅,某为酸果正字……凡酸果之字作梅,皆假借也。"《类篇·木部》:"梅,酸果也。"

在漫长的生活实践中,古人逐渐总结出这样的规律:果实绝大多数都带有酸味,虽然酸的程度有区别。梅树的果实称酸果,即酸梅子。梅子极具酸味。"梅,果木名。蔷薇科,落叶乔木,也少有灌木。早春开花,后生叶芽。花以白色、淡红色为主。气味清香。核果近球形,未熟时为青色,成熟后一般呈黄色,味极酸。"❶ 由于果实大多味酸,加之梅子极具酸味,于是梅子就逐渐被大量运用于日常生活当中,并成为酸的典型代表。

我国著名气象学家竺可桢先生在《中国近五千年来气候变迁的初步研究》一文中指出"宋代以来,华北梅树就不存在了。"但"在商周时期,梅树果实'梅子'是日用必需品,像盐一样重要,用它来调和饮食,使之适口。……这说明商周时期梅树不但普遍存在,而且大量应用于日常生活中。"❷《尚书·说命下》:"若作和羹,尔惟盐梅。"孔传:"盐咸梅醋,羹须咸醋以和之。"这里的"梅"字就有味酸之意。

记录"酸味"意义,"梅"字大概是较早的文字。随着生产的发展,记录"酸味"的文字也不断产生。典型的如:醓、醯、酸、酢、醋等。

酸味在饮食中是不可或缺的,尤其在华夏文明的发源地——黄河流域。由于这一地区水中含碱性物质较多,所吃的食物又较难消化,摄入酸味物质,以增加胃液的酸度,帮助消化,刺激食欲。含果酸的梅子,成为酸味的重要来源。梅子不仅可以整体食用,还可取其汁水而为浆,这就是醷。它是液体,更易于调味。《玉篇·酉部》:"醷,梅浆也。"《礼记·内则》:"或以酏为醴、黍酏、浆、水、醷、滥。"郑玄注:"醷,梅浆。"

---

❶ 汉语大字典编辑委员会.《汉语大字典》(缩印本)[M]. 成都:四川辞书出版社,武汉:湖北辞书出版社,1993:511.

❷ 竺可桢. 中国近五千年来气候变迁的初步研究[J]. 考古学报,1972(1):15-38.

梅子和醯受到季节的限制，不耐储存。醯的代用品醢就逐渐产生，醯即醋。醋这一食物最初用"醯"字记录，后来写作"酢"。由于文字之间的假借，"酢"表示了"酬酢"义，而用"醋"字专门来表示酸味食物。

醋至迟在春秋时期就开始酿造了。《论语·公冶长》："子曰：'孰谓微生高直，或乞醯焉，乞诸其邻而与之。'"这里"醯"就是"醋"，在《论语》的所有版本和历代学者的注释中都是一致的。就目前而言，可以说这是关于"醋"这种物质的最早记载。

从"醯"字的字形可以看出，可能是在酿酒过程中，有的酒受到醋酸菌的侵入，变成了味酸的物质——醋。在甲骨文中，出现不少""、""字样。在地下发掘中，也发现殷代酒器的种类最为繁富。因此，学术界公认，在殷代酿酒和饮酒的风气是很盛的。酒发酵过了头，味道就变"酸"，就成为"醋"。若从酒与醋的关系，亦能推测至迟在春秋时期甚至在商周时期应该已经有醋这种人工酿造物。

醋不仅耐储存，而且储之越久越会产生一种浓香味，口感越好，不像梅子、梅浆那样酸极而刺舌，因此醯很快取代了梅和醢。《说文·皿部》："醯，酸也。"《玉篇·酉部》："醯，酸味也。"《仪礼·公食大夫礼》："宰夫自东方授醯酱。"周王有专门掌醯之官，名"醯人"。那时醯味可能很淡，所以食醯量很大。《周礼》记醯人供宾客用醯五十瓮，《左传》言宋襄公葬其夫人陪葬醯一百瓮。由此可见，当时醯是十分珍贵的。

"酸"字后出，大约与"酢"同时。"醋"在小篆中用作"酬酢"字，而"酢"则相当于今天的"醋"，"酢"与"醋"职务易位。有了醋这种酿造物，才有了专门的"酸"字。

酢，调味用的酸味液体，也作"醋"。《急就篇》第三章："酸咸酢淡辨浊清。"颜师古注："大酸谓之酢。"《说文·酉部》："酢，醶也。从酉，乍声。"徐锴系传："酢，今人以此为酬酢字，反以醋为酒酢。时俗相承之变也。"段玉裁注："酢，本载浆之名，引申之凡味酸者皆谓之酢……今俗皆用醋，以此为酬酢字。"朱骏声《说文通训定声》："酢，亦曰醶，经传多借为酬酢字。今酢、醋二字互讹，如穜、种之比。"❶

《说文·酉部》："醋，客酌主人也。从酉，昔声。"段玉裁注："诸经多以酢为醋，唯《礼经》尚仍其旧，后人醋、酢互易，如穜、种互易。"《广韵·暮韵》："醋，酱醋。《说文》作酢。"《正字通·酉部》："醋，醯别名也。"

酸，《说文·酉部》："酸，酢也。关东谓酢曰酸。"《广韵·桓韵》："酸，醋也。"《楚辞·宋玉〈招魂〉》："大苦咸酸，辛甘行些。"朱熹注："酸，酢也。"《改并四声篇海·酉部》引《川篇》："酸，醋味也。"清·王筠《说文句读·酉部》："酸，许君以酸为醋之别名，盖以'曲直作酸'为引申之义。"

马宗霍《说文解字引方言考》卷四："许君不训酸为醯，而训酸为酢，且以关东系之者，盖周人谓酸为醯，汉人谓醯为酢，而关东方俗语又谓酢为酸也。"

由以上的分析我们大体可以看出，酸"托物呈味"的物质基础最初应是梅子，后来变为人工酿造的醋。在由自然的"梅酸"到人工酿造的"醋酸"的发展过程中，"梅（某）、醯、醶、酢（醋）、酸"等字都曾表示过"酸味"的抽象意义，但最终固定地用"酸"字专门表示"酸味"这一抽象意义。

（二）"甘（甜）"类

汉语味觉词中很重要的一类就是甜。甜味较复杂，许多物质都能产生甜味，其间差别不小，一般以蔗糖之甜味为正味，即甜是指像糖或蜜的滋味。

最早记录"甜味"这一意义的字应该是"甘"。而"甘"的本

---

❶ 此处"穜""种"为"种"的繁体字。为了比较字形、字意本文中个别字不简化处理，后面不再一一标注。

义并非专指"甜"味,其最初泛指口中可感觉到的各种味美的食物。《孟子·梁惠王上》:"为肥甘不足于口与。"后来,"甘"从名词各种味美的食物引申形容味道之美。《说文》对"甘"的解释正是此义。《说文·甘部》:"甘,美也。从口含一。一,道也。"

而在"五味"当中,"甜"味是不带任何刺激的正味,是口舌非常适应的,因而通畅无阻的味道。因"甜"味一般来说都是美味,于是"甘"就逐渐用来专门表示"甜"味,成为"五味"之一。段玉裁注:"甘为五味之一。"

如果说"包括甜味物质在内的各种味美的食物"是"甘"字与"甜味"连接的间接纽带的话,那么"甘"与"甜味"连接的直接纽带应该说最早是五谷,后来是糖。华夏文明起源于黄河流域,是以农耕为基础的农业文明。日常生活中,"粟、稷、麦、稻、麻"等五谷作物与人们的关系非常密切。而这些农作物中含有丰富的麦芽糖,是"甜"味的最早来源之一。《尚书·洪范》:"稼穑作甘。"孔传:"甘味生于百谷。"在古代文献中,用"甘"字表示"甜味"的书证比比皆是。《诗经·邶风·谷风》:"谁谓荼苦,其甘如荠。"《楚辞·招魂》:"大苦咸酸,辛甘行些。"王逸注:"甘,谓饴蜜也。"

由于"甘"字义项众多、表义复杂,加之甜味必须经舌头才能被感知,根据用字明晰性原则另造一"从甘从舌"的"甜"字专门表示"像糖一样的味道"之"甜味"。"甘"直接孳乳出"甜"字,列入"五味"之一,与酸、苦、咸、辣并言。"甜"最初写作"甛"。《正字通·甘部》:"甛,俗作甜。"《说文·甘部》:"甛(甜),美也。从甘,从舌。舌,知甘者。"清徐灏注笺:"甘之至为甛,甛之言恬也。古无所谓甛,盖以甘统之,后世以稼穑之类为甘,饴饧之类为甛。"汉·张衡《南都赋》:"酸甜滋味,百种千名。"

两汉以前调甜味的大多用麦芽糖,即饴、饧。饴、饧就成为记录与"甜味"密切相关物质的文字。

"饴"就是指麦芽糖。《说文》:"饴,米糱煎也。从食,台声。"

段玉裁注:"米部曰:'糵,芽米也。'火部曰:'煎,熬也。'以芽米熬之为饴,今俗用大麦。"《诗经·大雅·绵》:"周原膴膴,堇荼如饴。"《吕氏春秋·异用》:"仁人之得饴,以养疾侍老也。"高诱注:"饴,饧。""饴"后引申出"甜味"意义。《周礼·天官·盐人》:"王之膳羞共饴盐。"郑玄注:"饴盐,盐之恬者,今戎盐有焉。"按:《本草纲目·石部》:"饴盐,……或云生于戎地,味甜而美也。"这里的"饴"就是指甜味。

"饧(餳)"和"饴"所指相同,也是指含有麦芽糖、蜂蜜等味的食物,二者只是通语与方言的区别。《方言》卷十三:"凡饴谓之饧。"段玉裁注:"不和徽谓之饴,和徽谓之饧。故成国云:'饴弱于饧也。'《方言》曰'凡饴谓之饧。'自关而东,陈楚宋魏之间通语也。杨子浑言之,许析言之。……各本篆作食易,云易声。今正。"《急就篇》第二章:"枣杏瓜棣馓饴饧。"《说文·食部》:"饧,饴和馓者也。从食,易声。"钮樹玉《校录》:"此即糖之正文,当从易作餳。"清程际盛《骈字分笺》卷上"饴餳"注:"餳,餳一物,初无二义,其分为二字两音,当自陈以后始也。"从以上分析可知,饴、饧(餳、餳)就是糖的前身。难怪《说文》将"糖"作为"饴"来解释。《说文解字新附·米部》:"糖,饴也。"

糖的出现使得"甜味"有了代表性的实物。战国期间楚人已懂得从压榨的甘蔗浆中获取甜味。东汉杨孚《异物志》记载岭南人把甘蔗汁"煎而曝之,即凝而冰,破如砖,其食入口消释,时人谓之石蜜也"。随着制糖技术的传入、提炼技术的提高,糖就成为甜味最直接、最重要的载体,成为获取甜味的最重要物质。

由以上的分析可知,甘甜之味表味所依托的物质是由最初"包括甜味物质在内的味美之物"逐步固定为"糖"这一典型的甜味物质。"甘—饴—糖"记录的正是甜"呈味"所托物质的变化轨迹,即"'包括甜味物质在内的味美之物'—麦芽糖—糖"。从广义来说,这也就是甜味"托物呈味"的文化理据。

（三）"苦"类

从"苦"字字形可以看出，苦味最早是从草木等植物里体会出来的。

苦，本义指的是一种带有苦味的植物——苦菜。《说文·艸部》："苦，大苦。"《诗·唐风·采苓》："采苦采苦，首阳之下。"毛传："苦，苦菜也。"《穆天子传》卷二："天子于是休猎，于是食苦。"郭璞注："苦，中名，可食。"

由于草大多带有苦味，而且在日后的生活、生产实践中，人们逐渐发觉不同草的味苦的程度也不一样。其中，"苦"这种植物的苦味尤其浓重，于是，经由从具体到抽象之路，"苦"逐渐由原来特指具体的一种苦菜抽象为表示像胆汁或黄连的味道，跟"甘""甜"相反，成为"味苦"的代称。

苦"呈味"所托之物是"苦"这种植物。"苦"也就是"荼"。《说文》："荼，苦荼也。从艸，余声。"段玉裁注："释草、邶、毛传皆云：'荼，苦菜。'唐风'采苦采苦'传云：'苦，苦菜。'然则'苦'与'荼'正一物也。"因此，对苦味的考察，我们应该从"荼"说起。

《礼记·内则》："濡豚包苦实蓼。"郑玄注："苦，苦荼也。"《仪礼·公食大夫礼》："铏芼，牛藿、羊苦、豕薇，皆有滑。"郑玄注："苦，苦荼也。"《仪礼·士虞礼》："铏芼用苦，若薇有滑。夏用葵，冬用苣，有柶。"郑玄注："苦，苦荼也。"《仪礼·特牲馈食礼》："铏芼用苦若薇，皆有滑。夏葵，冬苣。"郑玄注："苦，苦荼也。"这些"苦"皆指"苦荼"菜的具体意义。

"荼"也就是现在日常生活中的茶。当时尚无"茶"字，称之为"荼"。直到唐代中期陆羽《茶经》出现之前，"茶"一直被写作"荼"字。《说文》："荼，苦荼也。从艸，余声。"徐铉曰："此即今之茶字。"根据"荼""茶"这两个字在中古的音韵地位，可以推定它们在上古都属定母鱼部，中古以后字音才分化。从语音发展史的角度来看，它们毫无疑问是同名同物。

在先秦典籍里"荼"字用作"苦菜"义。如：《诗经·邶风·谷风》："谁谓荼苦。"《诗经·郑风·出其东门》："有女如荼。"《楚辞·九章·橘颂》："故荼荠不同亩兮。"《周礼》："掌荼，掌以时聚荼，以共丧事。"

"苦"除了称为"荼（茶）"之外，还可称为"苓""蘦"。

苓，药草名，即大苦。《说文·艸部》："苦，大苦，苓也。"《说文·艸部》："苓，卷耳也。从艸，令声。"王筠句读改作"苓，苓耳，卷耳也。"并云："《诗经·卷耳》传：'卷耳，苓耳也。'知非以'苓'一字为名，故据增。……卷耳即苍耳子。"《诗经·唐风·采苓》："采苓采苓，首阳之巅。"毛传："苓，大苦也。"

蘦，药草名。《说文》："蘦，大苦也。从艸，霝声。"段玉裁注："此与前'大苦，苓也。'相乖剌。"清徐灏注笺："蘦乃正字，'苦'下作苓者，通用字耳。"王筠句读："蘦篆乃后人据《尔雅》增。"《尔雅·释草》："蘦，大苦。"陆德明《经典释文》："蘦，《诗》作苓。"郭璞注："今甘草也。蔓延生，叶似荷，青黄，茎赤，有节，节有枝相当。或云：蘦似地黄。"按：宋沈括《梦溪笔谈·药议》："此（蘦）乃黄药也，其味极苦，谓之大苦，非甘草也。"

苦"呈味"所托之物应该是苦菜这种植物，即苦味的物质基础是苦菜。从理论上来讲，苦菜的所有称谓——苦、荼（茶）、苓、蘦等字都有可能成为"苦味"概念的用字，但最终"苦"字成为表抽象意义"苦味"的固定用字。《诗经·邶风·谷风》："谁谓荼苦？其甘如荠。"《神农本草经》卷一："黄连，味苦寒。主热气，目痛，眦伤，泣出，明目。"《荀子·正名》："甘、苦、咸、淡、辛、酸、奇味以口异。"

（四）"咸"类

咸，古代常用作副词，表示范围，相当于"全""都"。《说文》："咸，皆也，悉也。"表"味咸"本来用"鹹"字。今"鹹"

字简化为"咸"。表味觉之"咸"与范围副词"咸"就形成同音词关系。因此，如无特别说明，本文"咸"都用作汉语味觉词，表"味咸"之意。

咸味，是味觉中最单纯、最重要的一味。清章穆《调疾饮食辨》说："酸甘辛苦可有可无，咸则日用所不可缺；酸甘辛苦各自成味，咸则能滋五味。酸甘辛苦暂食则佳，多食则厌，久食则病；病而不辍，其实则夭。咸则终身食之不厌，不病。"咸味最直接的就是从盐这种物质中获得。盐对于人类的生息繁衍、日常生活都是极为重要的。《汉书·食货志》引王莽的诏书说："夫盐，食肴之将。"

盐是咸味的物质基础。"盐"字常用作名词表示具体盐这种物质。《尚书·说命下》："若作和羹，尔惟盐梅。"《礼记·郊特牲》："醯醢之美，而煎盐之尚，贵天产也。""盐"字也用作形容词，表示抽象意义"咸味"。如《淮南子·精神训》："今夫繇者，揭镢臿，负笼土，盐汗交流，喘息薄喉，当此之时，得茯越下，则脱然而喜矣。"中的"盐"就是表示"咸味"，也就是说，"盐"字兼有具体和抽象两个意义。

咸，指像盐的味道。《广韵·咸韵》："咸，不淡。"《字汇·卤部》："咸，盐味。""咸"字常用来表示抽象意义"咸味"，但偶尔也表示盐这种物质。《抱朴子·内篇·黄白》："若戎盐卤咸皆贱物，清平时了不值钱，今时不限价值而买之无也。"也就是说，"咸"字也兼有具体和抽象两种意义。

其实，记录盐这一物质的还有"卤（鹵）""鹾"等字。

卤，本义指盐碱地。"鹵"字金文作，画的是一个有盐粒的盐田。《说文·卤部》："卤，西方咸地也……像盐形。"段玉裁注："咸地仅产盐。"《释名·释地》："地不生物曰卤。"由于盐碱地与盐密切相关，卤逐渐也成为盐的代称，或称盐卤。段玉裁注："盐，卤也。天生曰卤，人生曰盐。"清徐灏《笺》："天生谓不涷治者，如今盐田所晒生盐。人生谓涷治者，如今扬灶所煎熟盐是也。"《史记·货殖列传》："山东食海盐，山西食盐卤。"

"鹾"是盐的别名。《礼记·曲礼下》："韭曰丰本，盐曰咸鹾。"清王筠《说文释例》卷十九："鹾当为盐之别名。"同时，鹾也表示咸味。汉崔骃《七依》："鹾以大夏之盐，酢以越裳之梅。"

咸"呈味"所托之物为盐，表示盐的味道。在"盐""咸""卤""鹾"这几个兼表具体意义盐和抽象意义咸味的字中，从理论上来讲，谁都可能成为抽象意义"咸味"的固定用字，但实际来看，最终选择了"咸"字固定地表示抽象义"盐之咸味"。从广义来说，这就是咸味"托物呈味"的文化理据。

三、汉语普通味觉词表味的文化理据

由于普通味的种类极为丰富，表示普通味的词语也特别多。本文只讨论几类常见的用单纯词形式表示复合味概念的普通味觉词：辛（辣）类、鲜类、涩类。其中，辛（辣）类、涩等类味觉词并非只是单纯的味觉感受，有的甚至伴随有触觉、痛觉等其他感受在内。

（一）"辛（辣）"类

辣觉其实是热觉、痛觉和四种基本味觉的混合感觉。❶ 辣是一种具有强烈刺激性的味。辣味的产生是因为食物中的辣分子刺激了口腔内的黏膜而引起的一种痛觉。关于这一点，我们从辣味物质接触到皮肤后也同样可以使人产生痛觉这一现象得到佐证。因此，许多语言并没有专门的词表示"辣"，而是用表示"热""烫""烧""刺""咬""咸""苦""酸""锐利的""刺激的"等词兼表"辣"。❷ 如蒙语中，"辣"有时用"苦"表示，有时用"热"表示。

汉语中，先秦"辣"有两大主要来源：酒和葱、姜等蔬菜。因此，"辣"也称为"辛"或"馊"。

《说文·辛部》："辛，秋时万物成而孰。金刚味辛，辛痛即泣

---

❶ 程荣逵. 杂谈五味 [N]. 光明日报，1983-01-08.
❷ 伍铁平. 不同语言的味觉词和温度词对客观现实的不同切分——语言类型学研究 [J]. 语言教学与研究，1989（1）：120-137.

出。"《尚书·洪范》:"曲直作酸,从革作辛。"孔传:"(辛)金之气。"《玉篇·辛部》:"辛,辣也。"《通俗文》:"辛甚曰辣。"先秦没有"辣"字,辛、辣味称为"辛"。辛味是极富刺激性、极复杂的味。周秦两汉时期,人们所说的辛指姜、葱、蒜、花椒等蔬菜的味道。《楚辞·招魂》:"大苦咸酸,辛甘行些。"王逸注:"辛,谓椒姜也。"

"辣"字后出,古字作"辢",《说文》解释作"烈也",意思是酒味酷烈。它的字形从"酉""酉"在甲骨文里作 , 金文作 , 像卣,下面的部分表示圈形的足。"酶"字解作"烈",与"酷"同义,表示酒的原味醇正,引申有"强烈"的意思。

不过,当时几乎所有带刺激性的味道都称之为"辛"。自原产南美洲热带地方的辣椒传入我国后,标准的辛、辣味就是指辣椒的味道,统称为"辣",或写作"辢"。《篇海类编·干支类·辛部》:"辣,辛味也。"《玉篇·辛部》《广韵·曷韵》:"辢,辛辢也。"《广雅·释言》:"辢,辛也。"《慧琳音义》卷六十八"辛辣"注引《古今正字》:"辢,亦辛也。"

(二)"涩"类

涩,最初应该是指表面不光滑。《说文解字诂林·续编》:"《说文》无'涩'字。《止部》:'歰,不滑也。从四止,色立切。'即'涩'字。"《尔雅·释草》:"蘩,皤蒿。"宋邢昺疏:"叶似艾叶,上有白毛粗涩。"后引申为指味不甘滑。其实,涩味的产生并不是单纯依靠舌头的味觉感受器去感受的,即刺激味觉神经后而得到的味觉。涩味的产生主要是食物中的涩味物质接触到舌头后,引起舌头黏膜发生收敛作用而使人产生一种涩味的感觉。因此,"涩"是味觉与触觉的混合感觉。

(三)"鲜"类

众多味中占有极重要地位的是鲜味。鲜味才是最能刺激人食欲的味道。一般说来，大部分食物皆有鲜味，只是它极"清虚"，易被它味干扰和掩盖。

从造字角度看，"鲜"最初的本义是指一种鱼。《说文·鱼部》："鲜，鱼名，出貉国。从鱼，羴省声。"由于鱼肉的味道细嫩鲜美，于是"鲜"就逐渐引申出表示"新宰杀的鸟兽或刚收获的新鲜食物"等具有的鲜美味道。《尚书·益稷》："奏庶鲜食。"孔传："鸟兽新杀曰鲜。"《仪礼·既夕礼》："鱼腊鲜兽皆如初。"郑玄注："鲜，新杀者。"《仪礼·士昏礼》："腊必用鲜。"贾公彦疏："腊用鲜者，义取夫妇日新之义。"白居易诗《和梦得夏至忆苏州呈卢宾客》云："粽香筒竹嫩，炙脆子鹅鲜。"直到南宋，"鲜"字才直接与"味"字连用。今能见到的最早例证是《山家清供》说竹笋"其味甚鲜"。所以，"鲜"表味应该是以"鱼肉的鲜美之味"为理据的。

其实，关于这一点我们可以由另一字得到佐证。表示"新鲜"义时，最初写作"鱻"，从汉代开始以"鲜"代"鱻"。段玉裁注："鱻，凡鲜明、鲜新字皆当作鱻。自汉人始以'鲜'代'鱻'，如《周礼》经作'鱻'、注作'鲜'是其证……今则'鲜'行而'鱻'废矣。"《周礼·天官·庖人》："凡其死生鱻薧之物，以共王之膳。"郑玄注引郑司农云："鲜，谓生肉。"贾公彦疏："新杀为鱻。"

四、余论

以上我们集中训释了汉语的几类具体味觉词。其实，由于在味觉这一综合系统中，各个味之间没有截然分明的界限，彼此之间很容易转化，加之味的物质依赖性，使得味觉词的"语义太抽象概括而缺乏了必要的明确性。"❶ 因此，"同颜色词和表温度的词一样，味觉词也是一种典型的模糊词。"❷

---

❶ 张维鼎. 语言文化纵论 [M]. 成都：四川辞书出版社, 2002: 268.
❷ 伍铁平. 不同语言的味觉词和温度词对客观现实的不同切分——语言类型学研究 [J]. 语言教学与研究, 1989 (1): 120-137.

据伍铁平先生论述，汉语味觉词"麻"和"辣"就是两个典型的模糊词。"麻"在《现代汉语词典》中的注释是"感觉轻微的麻木"。"轻微"是一个典型的模糊限制词。"麻木"仍然是一个模糊词。由于"麻""辣"的模糊性，许多语言中没有专门的词表示这两种味觉。其实，在上文对汉语味觉词的历时考察中，我们也可看出味觉词的模糊性。如梅酸和醋酸都称为酸，可二者酸得程度有些差别；麦芽糖与蔗糖、蜜等甜的程度也不同；至于酒和葱、姜等蔬菜的辣味与辣椒的辣味相比更是悬殊。

在现代食品科学中，常常利用味与味之间相互影响、转化的特点来改变味的强度。如在咸味中加入微量的食醋，咸味更咸；在酸味中加入适量的食糖，酸味变得柔和。关于味觉词彼此之间的关系，我国古籍中早有记载。《尔雅·释言》中说："咸，苦也。"邢昺疏："苦即大咸。"郝懿行在《尔雅义疏》中写道："苦味近辛，故言辛苦……咸极必苦。"《淮南子·坠形》云："味有五变……炼甘生酸，炼酸生辛，炼辛生苦，炼苦生咸，炼咸生甘。"

（本文作者为北京青年政治学院人文素质教育中心副教授）

图书馆、情报与文献学

公共图书馆智慧服务研究：关键要素、实现路径及实践模式

李校红

摘　要：文章在梳理相关研究和实践发展的基础上，提出智慧馆员、智能技术、融合理念和智慧内容作为公共图书馆智慧服务的关键要素，发现智慧服务的发展路径主要体现为从智能化向智慧化，从双向交互向万物互联、从边界性向跨界融合的趋势，并从资源建设、技术突破、读者需求和空间再造四个方面探讨当前公共图书馆实践领域主要的智慧服务模式及典型案例。

关键词：公共图书馆　智慧服务　关键要素　实现路径

一、研究背景

随着互联网和信息技术的飞速发展和广泛应用，新理念、新技术不断推动着各行各业的蜕变与飞跃式发展。公共图书馆作为满足公众日益增长的信息需求的社会有机体，其建设和发展一直紧随现代信息技术的演进，以不断增强其更高层次的服务能力和水平。

就当前而言，大数据、物联网、云计算、人工智能、射频识别（RFID）等现代技术运用于公共图书馆，对图书馆的资源结构、技术平台和服务形态等方面带来了全新的支持及有效的改善，也使图书馆传统的信息服务模式正在向以用户为中心的智慧模式转变，智慧图书馆已成为未来图书馆创新发展和可持续发展的新趋势。服务模式的转变，一方面，为公共图书馆的价值创造带来巨大机遇；另

一方面，面对新环境下海量的数据、复杂的资源和日新月异的技术，还需要不断地理性反思和理论研究，以指导公共图书馆转型的具体实践，打造更高效率和更高质量的服务的智慧图书馆。

近年来，智慧图书馆的理论研究和实践发展均成为图书馆界的关注热点。芬兰学者 Aittola 等，最早提出"智慧图书馆"这一术语，认为其是可被用户感知的、运用智能技术和智能设备构建的、打破时空限制的移动图书馆。董晓霞等从技术的角度定义了智慧图书馆，即通过对物联网技术等产生的大量感知数据进行分析和处理，并为用户提供泛在的智能服务。夏立新等从智慧活动的规律出发，发现智慧图书馆是"资源""人""空间"三大核心智慧要素的融合，是在相关技术的支持下，通过构建高效的知识服务来帮助特定用户的智慧活动。王世伟对智慧图书馆通论发展做出了诸多贡献，归纳了智慧图书馆的互联、高效、便利三大内在特征，发现了智慧图书馆智在融合、云端互联、数据挖掘等创新发展态势并认为需持续提升服务质量和文化软实力，弘扬"智慧工匠精神"。除此之外，还涌现了许多研究成果，对面向特定技术、特色功能和实践发展等的智慧图书馆展开具体研讨。然而，相关研究较多聚焦于高校智慧图书馆建设，或者整体视角探讨智慧图书馆的体系构建，面对面向公共图书馆的智慧服务剖析还有待深入。基于此，本文针对当前公共图书馆领域发展需要面对的基础问题进行了调查和分析，探讨公共图书馆发展智慧服务所需的关键要素、实现的基本路径及主要的创新模式，以期为公共智慧图书馆的可持续发展提供一定参考借鉴。

二、公共图书馆智慧服务的关键要素

公共图书馆的用户服务是公共图书馆的存在使命，当前智慧图书馆的服务仍离不开图书馆中各关键要素的有机组成和多元支持。本研究通过相关研究梳理和实践领域的调查，在不断反思的基础上归纳了公共图书馆智慧服务的关键要素，即智慧馆员、智能技术、融合理念和智慧内容，这四个要素及其作用关系共同构建了智慧图书馆服务体系框架。

(一) 智慧馆员是公共图书馆智慧服务的基础

智慧馆员，即智慧的图书馆馆员，其是公共图书馆智慧服务的提供者和基础保障。由于公共图书馆的用户类型多样，用户需求和行为偏好差别也较大，所以对智慧馆员的要求也更为高级，主要体现在以下三个方面：其一，在海量数据不断涌现的背景下，智慧馆员更需要借助 RFID、云计算等技术来提高馆内资源建设，使数据资源得以有效组织、科学分析和精准推荐等，使馆内资源能够合理安排、有效利用；其二，在提倡个性化服务、用户至上的环境下，智慧馆员需要利用图书馆不同类型的用户行为大数据进行挖掘和分析，以为用户提供更加契合个性化需求的服务，这本身对公共图书馆馆员的智慧能力是重要的考验；其三，由于公共图书馆馆员还承担着图书馆管理的职能，而当代公共图书馆除了在信息内容层面对用户提供高质量的服务，还应在馆际空间上提供多媒体、数字化、可视化的服务，这就对图书馆员的信息技术操作水平和设计能力提出更为严峻的考验。总之，当代智慧馆员需与时俱进，具备学习创新的意识，时刻关注和努力掌握新出现的信息技术，不断提升自己的工作技能，为用户提供高效率高质量的服务，成为智慧组织、智慧服务和智慧管理的提供者。

(二) 智能技术是公共图书馆智慧服务的支撑

在云计算、人工智能等颠覆性技术的依托下，智慧图书馆呈现数字化、网络化和智能化的发展态势，以多重智能技术为工具的智慧图书馆对传统图书馆展开了解构与重塑。以用户情景识别为例，图书馆通过运用计算机技术和传感器技术进行信息采集和推送，以判别用户当前的情境，理解用户的思维，并基于此提供更加针对性的智慧服务。在实践领域，图书馆的传统借阅环境开始进入信息物理融合、人机交互的更高形态。近年来，国内外许多公共图书馆出现了虚拟智能的服务机器人,现阶段主要分为面向用户服务的智能问答机器人以及面向馆内资源的自动盘点机器人,前者主要提供包括智能语音咨询、借还书辅助、扫描查书、用户引路等辅助参考咨询功能外服务,后者主要穿梭于馆藏排架处来查找乱放架的书刊,以减轻图书馆员的工作强度、提高工作效率。同时,智能的技术环境使用户需求得到了更多渠道的满足,也大大丰富了用户的入馆体验,尤其是公共图书馆中的青少年对机器人的兴趣热情显著,也进一步带动了他们访问公共图书馆的频率。

(三) 融合理念是公共图书馆智慧服务的导向

融合是新一轮科技革命环境下智慧图书馆的创新导向,在公共图书馆智慧服务发展过程中可以依赖多融合模式,其在一定程度上也决定了服务的实效果。具体而言分为三个层次的融合性服务:其一,融合网络技术、多媒体工具,以为增加公共图书馆内空间范围、增强用户感知体验,推进用户的可视化、趣味性服务,如除提供纸质版和数字版的书籍报刊外,还提供多种演示、数字图像、流媒体视频和虚拟现实(VR)等;其二,将虚拟在空间与现实空间对接融合,通过先进的技术来优化业务流程、重构服务模式,如通过对公共图书馆服务所涉及的人与物的全面感知和智慧互联,在此基础上实现服务内容的个性化、服务层次的多样化、服务方式的便捷化;其三,公共智慧图书馆不应仅局限于行业内部的技术与模式变革,还应积极探索与其他多实体间的服务融合,思考自身业务范围与功能的重构。也就是说,借助大数据、物联网等整合及超过个体机构的力量,进一步拓展图书馆智慧服务的能力,发展诸如创客空间、场景策展等服务,构建成智慧服务共同体的大公共图书馆"环境"。在不断升级的理念下,公共图书馆与虚拟图书馆、其他实体通过各种智能技术、智能设备、智能空间融为一体,展现智慧图书馆服务的高级形态。

（四）智慧内容是公共图书馆智慧服务的核心

公共图书馆拥有海量的资源以及大量真实的读者数据，然而在传统环境下图书馆服务常常面临资源和读者服务不匹配的矛盾。在公共图书馆的未来发展趋势下，智慧内容既是图书馆智慧服务所围绕的核心，也是图书馆为用户提供服务所呈现的载体。由于公共图书馆的用户涉及多种年龄阶段、社会职业、知识结构等不同属性，如何对不同用户兴趣偏好、客观需求进行挖掘，为其提供针对性和适用性资源服务则是图书馆智慧服务的重要职责。基于此，图书馆可以开发适合的智慧推荐系统，将数据采集、群体画像、情景感知、观点分析等不同功能模块纳入智慧推荐系统，并对多源异构数据进行统一标准化处理，对不同用户进行分析和画像，以推断出用户的真实需求和行为偏好，以为用户呈现智慧的推荐方案和内容。

除此以外，公共图书馆的智慧服务还离不开新环境下逐步完善的图书馆管理制度和管理模式，即对新环境下的新设备、新系统、拓展空间的合理使用规则，以及新形态下的馆员服务内容和服务方式的遵循原则模式。实践证明，有效的管理目标和手段对公共图书馆的智慧服务效率、效果均起着重要的保障作用。

三、公共图书馆智慧服务的发展路径

当前，公共图书馆的智慧服务正处在理论与实践的快速发展态势下，有必要对其所呈现的发展路径进行深入解析，总结其发展过程中的特点、优势与不足，以便有效地指导未来更多公共图书馆的智慧实践之路。本研究认为，公共图书馆智慧服务的发展路径具体呈现为四个方面，即从智能化向智慧化发展、从双向交互向万物互联发展、从边界性向跨界融合发展。

（一）从智能化向智慧化发展

从公共图书馆智慧服务发展所依托的技术水平来看，早期公共图书馆的服务实践主要仍基于资源、手段和过程等数字化、网络化技术，在此基础上呈现出相对智能的图书馆形态。随着物联网、FRID 等技术和图书馆融合重构思想的发展，公共图书馆服务呈现出更为明显的"智慧"化特征。本研究认为，智能图书馆是智慧图书馆发展的初级阶段，前者是以技术为主要支撑来实现用户服务的发展形态，而后者除了更为互联互通的技术特征外，还体现了超越技术特征的图书馆"智慧"。从知识视角下对智慧进行分析，其可作为人类进行知识的学习、反思和创造的过程，所以图书馆"智慧服务"的本质应是调动一切资源和技术来辅助和激发用户进行如创造、产生智慧的过程。基于此，图书馆的智慧服务一方面要立足于用户进行智慧活动的需求，利用情景感知、用户图像等技术为用户提供更为个性化的服务，同时始终用"智慧"观念进行服务手段和方法的修正，力求进一步激活用户的智慧活动。

（二）从双向交互向万物互联发展

为用户提供更好的服务是公共图书馆基本目标。在智慧图书馆出现以前，公共图书馆主要是依托信息技术为用户的借阅、检索、咨询提供更高质量的服务，以满足读者的个性化需求。此时，公共图书馆的服务呈现出双向交互的特征，即用户与图书馆员的交互，或用户与图书馆信息系统之间的交互。而公共图书馆的智慧服务则体现出万物互联的特征，具体表现为：其一，公共图书馆提供一个用户个体知识构建和社区成员间协同知识构建的平台，用户可以通过图书馆用户智能分析系统和智能终端与其他用户相连接，协同创造和分享知识，甚至可以无障碍地互相交流和分享心得。此时，公共图书馆是作为一个智慧的连接平台和舒适的学习环境。其二，公共图书馆通过整合语义检索、数字挖掘、物联网、VR 等技术构建智慧服务平台，在万物互联的背景下为用户提供高质量的体验感知和精准推荐，帮助用户在海量多余信息中减轻认知负荷，帮助用户在模拟知识情境中加深对知识的理解、记忆和运用。此时，公共图书馆是作为一个互联的学习推理网络和智慧的认知转化平台。

（三）从边界性向跨界融合发展

公共图书馆作为重要的单位，其社会价值和重要性不言而喻。在"互联网+"的背景下，未来的公共智慧图书馆也需迎合和不断创新，用跨界的思维替代传统的惯性思维，使其社会价值不断拓展延伸，"互联网+图书馆智慧服务"是公共图书馆的必然发展路径。由于公共图书馆具有规模化的信息资源、现代化的技术水平、真实有效的大量用户数据和群体，其在数据挖掘和利用方面具有先天的优势，不仅可以将结构化、半结构化和非结构化的数据进行规范化和融合化，还能利用其优势资源与其他组织进行跨界融合，创新智慧服务形式和服务内容。例如，公共图书馆可以选出副本量较多的书籍置于博物馆、美术馆、商场、银行等其他组织机构，促进信息知识的分享和交流；或与上述机构合作在合法合规的情况下共享相关用户信息进行深度挖掘，通过汇集多元信息和深入挖掘来推理用户的需求和偏好，以在不同场景为用户提供更加精准、高质量的服务。

四、公共图书馆智慧服务的实践模式

基于公共图书馆智慧服务的关键参与要素和实现路径特征的分析，结合当前实践领域图书馆服务情况，本文归纳了智慧图书馆主要的服务模式典型的实施形式，并将公共图书馆智慧服务模式划分为资源、技术、读者、空间4个维度。其中，基于资源和技术的服务模式是图书馆智慧服务的保障性服务，基于读者个性化的服务模式是智慧服务的核心性服务，基于空间重构的服务模式是智慧服务的延伸性服务。

（一）面向资源建设的图书馆智慧服务模式

公共图书馆为用户提供的服务类型多样化趋势愈加明显，但不管提供何种服务，也多依托于馆内丰富的资源，所以智慧图书馆的发展和智慧服务仍离不开高质量的资源建设。当前国内一些大型的公共图书馆在智慧服务的目标下对馆内资源建设展开探索实践，主要体现如下。

其一，在资源内容组织方面，公共图书馆对其馆内丰富的数据资源进行分析、重组和建设，除了进行基于元数据中心、规范化数据库等实现资源的自动识别和获取外，还凭借自然语言处理、语音图像识别、机器翻译等对具体知识内容进行智能语意标引、智能摘要、机构库等建设。此外，知识计算引擎还可以实现对知识的自动获取，具备概念识别、实体发现、属性预测、知识演化建模和关系挖掘能力，形成多源、多数据类型、多知识领域的跨媒体知识图谱。

其二，在资源物理分布方面，公共图书馆可以实现无人书库，即传统的文献入库、上架、定位、取书、清点等工作环节均可实现由机器人替代，实现全流程、全系统范围的智能识别、自动操作，进行资源共享，互联互通，实现资源建设的规模化。同时，还可基于图书馆大数据智能分析，科学布局馆藏资源，实现智能分库。

其三，在资源虚拟分布方面，公共图书馆可以基于云计算的海量存储、高速计算、安全可靠、便于共享及无限扩展等性能，将馆内大量信息资源存储于云端，则在一定程度上降低了资源存储利用的软硬件压力。

其四，在资源建设主体方面，更加强调"用户参与"，开始推动"图书馆—用户共同体协同建设"模式，用户与馆员之间、用户群体之间有机联动，更加主动地将个性化需求传递给图书馆，使用户兼具资源的创造者和使用者角色，进一步扩大公共图书馆的资源范映。

其五，在资源馆共享方面，公共图书馆间还能实现战略合作，在统一的标准、技术和平台下，进行资源共享，互联互通，实现资源建设的规模化、资源供给的多维化。

以深圳市图书馆为例，2012年4月23日，"图书馆之城"统一服务平台正式启动，该平台实现了市级图书馆—区级图书馆—街道图书馆—社区图书馆—24 小时街区图书馆的全覆盖，截至 2017 年底，全市共有 638 座图书馆，其中市级公共图书馆 3 座，区级公共图书馆 8 座，街道及以下基层图书馆 627 座。这些公共图书馆间的资源实现互联互通、资源共享，用户也实现了一证通行、通借通还，基于该项目，深圳市各会员馆的资源建设采用统一的公共图书馆的条形码、HFID 标签等，同时共享和共同构建了由馆藏数据、读者数据、流通数据等组成的大型数据存储库，并进行集中运作、管理及维护，各会员馆之间可以通过门户网站进行集群协同，实现统一平台、导航、检索和利用。这一举措改变了各基层图书馆资源建设能力有限、资源存量不足、用户规模局限化、馆馆之间联系缺乏等现象，也有助于降低管理维护成本，避免基层馆的资源重复采购和投入，提升资源质量、打造特色馆藏服务等。

（二）面向技术突破的图书馆智慧服务模式

技术是图书馆发展的驱动性因素，也是公共图书馆智慧服务的基础。当前，图书馆的核心技术发生颠覆性转变，诸如大数据、物联网、移动互联、人工智能等技术的出现，极大影响了图书馆的组织系统架构和用户服务理念。公共图书馆在技术取得创新性突破的基础上，充分呈现出人—人、人—物及物—物之间的智慧互联互通，并采用人工智能、情景感知、深度学习等方法，实现图书馆内外部数据资源对用户的智慧化服务模式。上海图书馆在其实践发展中，充分体现了三网融合技术的智慧服务价值。具体而言，用户通过在个人移动终端安装上海图书馆官方网站提供的相应软件，即可实现书目检索、读者服务、微博分享、上图信息、你问我答、分馆导航和图书借阅七大移动服务功能。用户通过一台智能终端设备能访问全市 260 多家总、分馆馆藏，涵盖 200 多万种、近 1600 万册馆藏文献资料，甚至能足不出户将图书借至家中，解决了图书馆传统借阅服务"最后一公里"的难题。除此之外，用户通过拍摄书籍的条形码即可查询出该书是否可于上海图书馆借阅，并可浏览其他用户对该书的评论。上海图书馆还与豆瓣网展开合作,使用户能够便捷获取豆瓣网上对新出版书籍的评论。在人工智能方面,上海图书馆大力打造人工智能引擎,进一步升级学习语料库与行业知识智能,开展了"智慧推销员"服务,为用户提供智能咨询、聊天、检索等服务。

(三)面向读者需求的图书馆智慧服务模式

在智慧环境下,"以用户为中心"最大限度满足读者的需求是公共图书馆最重要的目标和追求。图书馆的智慧服务应在传统个性化服务的基础上,借助大数据,云计算、移动互联等方法技术采集更多的读者阅读喜好和阅读行为数据,并尽可能将其与图书馆资源、业务、流程等各类数据进行关联及融合分析,借助各类分析技术和交互技术,围绕不同类型用户展开用户画像,深入挖掘其需求、偏好、思想、个性等,通过"大数据+小数据"服务方式构建用户档案,给用户提供高质量的情景感知、资源定制推荐等,以更好地开展个性化服务。

重庆市图书馆在向智慧图书馆发展的实践中做出了很多尝试和挑战。2015年初,重庆图书馆成功申报并承担了2015年度国家文化科技提升计划项目"公共文化服务类大数据分析试验系统与应用示范——图书馆大数据分析试验系统的研究与应用",并在项目推进的过程中积累了许多宝贵的智能服务经验。在凸显"用户至上"原则上,其一,重庆市图书馆深度推动信用借阅、在线借阅,逐步构建"互联网+图书馆"在线借阅服务圈;其二,计划与政府市民信息数据库对接,进一步完善读者基本信息,以通过用户分类、画像来实现个性化推荐服务;其三,构建馆内智慧感知系统,根据用户在馆内的活动轨迹数据分析,进行有针对性的服务推荐,以打造全方位的图书馆"智慧服务"。

(四)面向空间再造的图书馆智慧服务模式

近年来,公共图书馆在传统提供空间服务的基础上,进一步将线下的物理空间与线上的虚拟空间进行融合,产生了诸如学习共享空间、研究型空间、创客空间、城市阅读空间等不同类型的图书馆空间利用形式。体现了图书馆作为信息共享与创新空间的重要地位。随着智慧时代的来临,公共图书馆智慧服务对空间价值的要求更高,由此产生的空间再造实践活动也进展迅速。较为典型的是文化体验空间,其是图书馆空间功能的扩展。智慧图书馆构建智慧展厅展示丰富的馆内资源内容,通过VR、增强现实(AR)、混合现实(MR)、三维漫游、多点触控、大屏展示等技术,提供更多展示方式的创新服务。在这些"场景中",用户的感知体验效果、记忆效果、理解效果会进一步增强,会获得前所未有的"参与感"和"临场感"。

2018年春节期间,天津图书馆推出了以"网络书香过大年"为主题的系列活动,其中一个重要内容为"贺新春数字文化虚拟现实体验活动",参与的用户戴上VR眼镜,就可以在虚拟场景中感受欢度春节、怀素书蕉、金秋明月、流觞曲水和铁牙苦读等中华传统历史故事,甚至可以与虚拟场景中的古人互动,亲身参与历史事件之中。

五、结语

公共图书馆的智慧服务给普通公众感知和认知世界提供了更多元的方式,也进一步塑造了人、内容、技术、空间和服务等要素之间新的关系,由此带来了智慧化、万物互联、跨界融合等趋势,这也将成为公共图书馆价值重构的重要发力点。未来随着技术的发展和理念的进步,智慧图书馆的范畴或进一步扩展,其智慧服务的类型,模式也会不断开拓创新,这也反映了公共图书馆发展方向的无限可能。各图书馆在实践中,还需要更加关注"以用户为中心",结合本馆特色和需求完成从数字图书馆、智能图书馆到智慧图书馆的过渡。

参考文献

[1] 董晓霞, 龚向阳, 张若林, 等. 智慧图书馆的定义、设计以及实现 [J]. 现代图书情报技术, 2011 (2): 76-80.

[2] 夏立新, 白阳, 张心怡. 融合与重构: 智慧图书馆发展新形态 [J]. 中国图书馆学报, 2018, 44 (1): 35-49.

[3] 王世伟. 论智慧图书馆的三大特点 [J]. 中国图书馆学报, 2012, 38 (6): 22-28.

[4] 王世伟. 关于智慧图书馆未来发展若干问题的思考 [J]. 数字图书馆论坛, 2018 (7): 2-10.

[5] 王世伟. 图书馆应当弘扬"智慧工匠精神" [J]. 图书馆论坛, 2017, 37 (3): 51-56.

[6] 王丹. 国内外融合图书馆的理论研究与实践进展 [J]. 图书与情报, 2018 (2): 109-115.

[7] 茆意宏. 人工智能重塑图书馆 [J]. 大学图书馆学报, 2018, 36 (2): 11-17.

[8] 深圳市"图书馆之城" [EB/OL]. (2018-04-23) [2018-10-25]. http://www.szlib.org.cn/libraryNetwork/view/id-1.html.

[9] 王世核. 再论智慧图书馆 [J]. 图书馆杂志, 2012, 31 (11): 2-7.

[10] 让图书馆看起来更"智慧" [EB/OL]. (2018-08-13) [2018-10-25]. http://www.sohu.com/247024431_99958728.

[11] 天津图书馆 VR 体验 陪你过个时髦年 (EB/OL). (2018-02-14) [2018-10-25]. http://www.chnlib.com/News/2018-02/452029.html.

[12] AITTOLA M, T RYHÄNEN, OJALA T. Smart Library – Location – Aware Mobile Library Service [C] //Human – computer Interaction with Mobile Devices & Services, International Symposium, Mobile Hci, Udine, Italy, 2003.

[本文为北京市教委科研计划一般项目"基于阅读疗法的青少年阅读引导模式研究"(SM201811626003) 研究成果, 作者系北京青年政治学院副研究馆员]